.com世代的生活便利情報指南

歐洲從東邊玩

歐洲人的旅遊天堂

波羅的海三小國、德東、波蘭、捷奧匈金三角，

安全×超值×好吃×好玩，小資族也可以輕鬆上路！

GO!

背包 Ken (吳宜謙)——著

── 推薦序 ──

這是一本探索歐洲東邊的旅行攻略，多了溫度的那種

旅遊作家／**細腿男**

　　即便我是偏好閱讀旅遊文學之人，但拿到書稿時，竟仍津津有味地把全文都給嗑完。要如何定義這本書呢？從機票、匯兌、保險等行前細瑣，到途中景點、餐飲和住宿推薦，再加上對於各地市內交通、行程規劃、基本花費的詳細分析，說是本旅行攻略或是生存指南都實至名歸。而其中加碼吸引我的，除了詳盡的實用資訊之外，還有那些旅途中耐人尋味的際遇與感受。

　　Ken廣泛定義「東歐」，除了波羅的海三小國，也將德國柏林、維也納、捷克、匈牙利和波蘭一起收納。的確，東邊的歐洲仍是許多旅人尚未完全開發的寶地，共產專制、社會主義和民主資本的時代輪轉，歷史、種族、政治與宗教信仰上錯綜的恩怨情仇，交融出這個地帶獨特的文化底蘊和生活氣息，旁觀者置身其中更覺神秘而迷人。而這裡除了比西、南歐安全外，付錢時讓人免於揪心的物價，我們可以不用頻繁到超市覓食，凡事無需過於錙銖必較，而當身心和荷包都處於放鬆狀態時，你便能更自在開心地享受旅行。

　　回想自己歐洲最喜愛的城市，除了里斯本外，就屬柏林和布達佩斯了！它們正好都是在東邊的歐洲，兼容並蓄的多元文化，在我眼中愈是混亂、愈是美好。歷史形塑出每座城市獨有的風華，時而散發出美麗的憂傷。然而，當時至午夜走訪廢墟酒吧時，你又能感受它自由不羈的性格和青春暗湧。如果你仍有著年輕的背包魂，不妨就跟Ken一樣，入住青年旅館、參加Walking Tour，晚上再跟Pub Crawl（夜店旅行團）一起跑趴，藉由人與人的交流和行動，便能在旅行途中體驗最真實、錦上添花的在地文化。

　　此外，食物無疑也是建立人類感情跟文化交流的媒介，讓我們對於一座城市或國度產生更深刻的記憶連結。我一邊閱讀書中介紹的各地私房平價美食，一邊回味起曾在柏林吃過的咖哩香腸、布達佩斯的鵝肝和克拉科夫引人思鄉的炸豬排和餃子。而正打算明年走訪的波羅的海三小國，塔林的七鰓鰻沙拉和里加的一公斤烤豬膝，我現在也已經開始引頸企盼！

　　這麼說吧，玩哪、住哪、吃哪，Ken已經都先幫忙探好路、做足功課了，東邊的歐洲，能不去瞧瞧嗎？相信你在奉這本實用指南為保命符的同時，若再加上一點隨遇而安的背包客性格，從東邊玩的歐洲，你也能玩出屬於自己的精采！

你是先行者還是跟隨者？

名廣播人／**歐馬克**

先行者承擔不確定性的風險，享受未知與自我挑戰的征服感；跟隨者按圖索驥，確保途中的風景如怡，缺點是，可能跟隨的人有點多，摩肩擦踵。

我們希望自己去的地方特別，我們希望這趟行程好玩，我們希望去一個不是太多人去過的地方，但是同時，這地方又要有一些人去過，這樣我才不用花太多時間去準備規劃，不用因為太多的未知而擔心受怕，也不用在事後花更多的心力下載各種修圖APP，試圖把景點中過多的人頭用透明筆刷塗鴉。

就像沒人跳舞的club，要當第一個走進舞池的人需要勇氣，但是你得到了全場的目光，當第二三四五個跟著跳進舞池的人，心裡的負擔沒那麼大，卻又能獲得快樂與空間的平衡。但是當大家都發現舞池很好玩，爭先恐後地要擠進去的時候，就是不太舒服的時候了。

當一個先行者，體驗自我突破的成就感；當一個跟隨者，獲得安心但可能擁擠，明明出了遠門旅遊，卻到處還是聽到中文的沉浸式體驗。對於「你是先行者還是跟隨者？」這個問題，我覺得最棒的，就是當一個先行者的跟隨者，享受他開拓的紅利，又不用負擔人擠人的無力。

吳宜謙的這本《歐洲從東邊玩》，就是本讓你可以安心開心地做一個先行者的跟隨者的實用好書。

－自序－

沒有行程表，深入東歐的探索之旅

　　我的個性有點分裂，平時是爬文資料收集狂，同時又想走出不一樣的旅行故事。在規劃第二次土耳其旅行時，我發覺相隔四年的行程表很類似，開始驚覺到，其實收集別人的心得文，加上自己習慣的自助旅行模式，也是某種形式的框架。因此我決定展開一趟沒有行程表的旅行，帶著不同緯度都適用的行囊，買了一張三天後出發、飛往德國的單程機票。

　　在德國停留幾天後，我一路往東走。多年前的一次匈牙利之旅就讓我感到驚豔，這次深入更多的東歐國家，帶來的除了感動，還有「世上竟然有這種好地方！」的驚喜。

　　除了沒有行程表之外，我也為自己列了一張冒險行動清單。這份行動清單讓我以沙發衝浪、BlaBlaCar等各種方式旅行，認識了很多歐洲朋友；不設目的地由APP幫忙排機票，讓我從歐洲一路飛到中東，不僅完成去紅海潛水的心願，也意外變成敘利亞難民營志工……

　　從東歐長途旅行回來後，那些看我在FB上一路分享吃好住好的人，說：「你很有錢喔，去歐洲那麼久！」但是打開我的記帳本一起看，怎麼跟在台灣一個月的開銷差不多（而且是每天都在玩）。上班族雖然薪水有限，時間更珍貴，不必為了省錢，刻意睡車站、餐餐超市啃baguette，唯一的任務就是體驗當地的精采。

　　所以，我在這本書中不強調窮遊，也不鼓吹大家花光積蓄去旅行，因為「旅行本來就可以很便宜」，即使是在以高物價聞名的歐洲亦然。在東邊的歐洲（書裡簡稱東歐），每天一樣可以欣賞皇家城堡、世界遺產古蹟，進出有高雅侍者服務的經典餐廳，花費卻比在台灣還低。

　　此外我將告訴大家一些東歐旅行實用技巧，推薦我在歐洲累積超過兩百天的旅遊心得和景點建議，分享我實際體驗過平價又豪華的餐廳或小吃、各界評價超過九分的hostel；相信參考我的旅行經驗，您也能脫離觀光客模式，展開一場低價卻享受的歐洲之旅。

　　本書完成要感謝眾多好友及網友一路熱情收看我在旅行中的臉書，把我推上寫作一路；還有一位心臟很大、願意放生的配偶，以及陪伴我寫書無比可愛的一歲女兒。

Contents

CHAPTER

德國柏林　沒逛好逛滿博物館，別說你來過柏林

CHAPTER

波蘭　物美價廉的美食國度

⑤ 東歐經典旅遊路線金三角 捷奧匈

路線簡單、
平價又安全到不行的東邊歐洲

我們去歐洲玩，歐洲人去東邊的歐洲玩

　　歐洲是觀光客嚮往的旅遊天堂，不過對很多台灣人來說，越往東邊歐洲走越陌生，不僅從台灣出發的航空公司不多，自助旅行的熱門程度也比較低。但較少人知道並不等於不好玩，這樣說好了，我們喜歡去西歐的法國、英國、德國旅行，那你有想過西歐人喜歡去歐洲哪裡玩嗎？

　　二〇一二年我去義大利米蘭念書時，第一次到歐洲，假期時的旅遊首選當然是去巴黎、倫敦、羅馬這些大城市，但問起其他西歐、南歐來的同學心目中公認第一名的旅遊勝地，竟然是波蘭、拉脫維亞、愛沙尼亞等東歐國家。對他們來說，鄰近的東邊歐洲國家物價低、世界遺產傲人，且生活水平跟旅遊品質高、氣氛又悠閒，是度假的好去處。

　　歐洲東邊有很多我從小到大都沒聽過的景點，像是波蘭克拉科夫（Krakow）的地下鹽礦脈古工程，實際造訪後，它在我心中留下的震撼竟然不輸給知名的巴黎艾菲爾鐵塔、羅馬競技場。而在歐洲累積超過兩百天的旅行之後，我心中的博物館前三名是巴黎羅浮宮、柏林的科技博物館、倫敦的大英博物館，很多人（包含我自己）都不知道的德國科技博物館，竟然比大英博物館還精采！因此，我很想告訴讀者們：去歐洲不用拚命省錢，花小錢在東邊的歐洲一樣可以玩得精采，而且吃的住的都超好。

註：為方便閱讀，本書所指東歐純為地理位置東半邊的歐洲，此區許多國家不會自定為東歐國。

前往東歐旅行之前要知道的事

　　以下是在我的「背包Ken旅遊貧道」粉絲團最常被詢問的問題：

東歐安全嗎？

　　第一次去陌生的歐洲國家旅行，出發前不免會心生猶豫，英文不好怎麼辦？過海關會不會被攔？當地物價是不是很貴？行李要怎麼準備？……

　　不論在背包客棧如何發問，總會有自助旅行老手告訴你，這些擔心都是多餘

的，機票買下去就對了！但只有一件事連旅行老手都不敢教你別擔心，就是「歐洲治安很差、扒手很多」，強盜、扒手、小偷往往是歐洲旅行背包客最大的心魔，偷拐搶騙的事件時有所聞。如果先進的西歐大城市都如此混亂，那麼，往東走，更少被注意的國家不是更危險嗎？

　　我在巴黎旅行時曾造訪過聖心堂，它位在一個小山丘上，通過幾條階梯就能到達山頂，一路上，一群黑人們（多數被稱為手環黨）會以迅雷不及掩耳的速度在觀光客手中套上幸運繩，然後任意開價。由於在米蘭大教堂前很常遇到手環黨，因此我以為照舊抱緊雙手，不理會他們，直直行快走就可以，沒想到他們竟然手勾手圍成人牆攔住去路，我只能用身體硬穿過人牆，兵荒馬亂之際也很難防範皮包被扒的命運。如果帶著孩子或結伴同行的旅人情況更糟，有時還會被擠到分開呢！

　　還好在歐洲越往東走，遇到各類歹人的機會就越少，在義大利跟西班牙常常擾民的吉普賽人，也是越往歐洲東邊走，越少看到。

　　你可曾想過，這些扒手跟騙子究竟是從哪裡來、往哪裡去的嗎？其實他們往往是特定族群，並非當地人。由於歐洲種族混雜又沒有國界，有的從北非流亡而來，有的是原本就無國無籍的流浪民族，全歐可說都是他們的地盤。所謂良禽擇木而棲，小偷也是很挑的，能去觀光客聚集的巴黎，自然就不會選擇布達佩斯、立陶宛。所以，大家覺得越沒油水、越不先進的國家，反而可能更安全。

　　在西歐、南歐旅行時，我都是全神警戒、小心翼翼地提防扒手和小偷的出現。但是在東歐，卻能享受走出大城市之外難得的輕鬆和悠閒。

東歐消費水準高嗎？

除了治安問題，一般人對歐洲的印象就是貴，因此很多人會問我：「東歐物價高嗎？」以台灣人的標準來說，東歐的物價很低，但物質跟文化的享受卻不低，歐洲即使是發展比較落後的地方，還是非常文明的。在東歐，當地人的生活水準的確不如西歐大國，如果你是一個習慣享受高消費生活的人，可能會覺得在當地的生活水平變差了。若你跟我一樣是普通的上班族，感受就截然不同了。在波羅的海三小國，肚子餓了，就走進最受歡迎的高級餐廳，大魚大肉也才台幣幾百元而已；在市區走累了就搭公車，短短兩站照樣搭；景點門票跟長途火車票也都很便宜。因為物價不高，我還在愛沙尼亞的首都里加採購衣服和補給物資呢！

去東歐旅行多久才好？

對於上班族來說，請長假不容易，但是兩週的時間絕對足夠讓你在東歐有一趟美好的旅程。不管轉機如何浪費時間，至少有十二天可以安排行程，足夠移動到兩、三個城市。就算只有一週的假期，橫跨兩個週末還有九天，去掉來回航程足足可玩六到七天，是很適合定點旅行的地方。

不用擔心六到七天都待在一個城市太久，融入當地人的生活會比不斷變換城市風景來得印象深刻。例如波蘭的歷史古城克拉科夫（Krakow）擁有兩大世界遺產就很適合玩一週；德國東邊的柏林（Berlin），也讓我意猶未盡地待了八天七夜；我相信布拉格（Praha）或布達佩斯（Budapest）的任何一個城市都值得住上一個月。

難得到了歐洲，很多人難免會想一次衝越多國、越多城市越好，於是歐洲十二天九國這類行程就出來了；或是明明只有一週假期，到了捷克，卻不願意只待在布拉格，一定要繞捷克一圈才行。我認為旅行的時間長短不是問題，能夠深入體會一個地方的美好才是最重要的。

東歐小資旅行規劃技巧

更多路線、更省錢的飛東歐航班

相對於西歐大城市，東歐直飛跟搭乘同一家航空轉機的選擇都不多。但是因為廉價航空的便利跟中國籍航線來台經營之後，這已經不再是問題了！有更多選擇、更便宜的方法可以抵達東歐各大城市。

歐洲廉價航空轉機法

只要踏上了歐洲大陸，很難有內陸航線飛不到的地方。從網路上購買歐洲廉價航空很方便（常有幾百塊台幣的票價出現），例如波蘭首都華沙、波羅的海三小國首都，都是航班非常密集的地方，隨便飛到歐洲任一大城市都可轉機，十分便利。

中國籍航空轉機法

由於一些歷史背景因素，中國直飛東歐的航班頗多，中國國際航空、南方航空、東方航空經由中國轉機可以直達華沙、赫爾辛基（對岸就是愛沙尼亞）、布拉格，多查詢各種票價組合往往會有意外的驚喜，有時一萬台幣左右就可買到飛往東歐的機票。

歐洲內陸交通成本比較

廉價航空 VS. 一般航空公司

交通、住宿、時間是廉航常常出現的額外成本，雖然不是必然，但買票前要先想想是否真的省到錢。像是廉航的機場常常位在比較偏遠的地方，距離市中心較遠，且多半為紅眼班機，深夜沒有大眾運輸，只好加價叫計程車。此外，紅眼航班的尷尬時間，也會讓你多付一晚住宿費（不住一晚的話，半夜凌晨要在街頭遊蕩嗎？），好不容易省下來的錢都吐回去了。

真正的代價＝給航空公司的錢（機票及行李餐飲等加購）＋距離較遠或深夜交通成本＋多出來或浪費的住宿＋寶貴的時間。

搭飛機VS.搭火車巴士

搭飛機很快，但因機場通常在郊區又要提早到（報到、安檢、等待上機），落地後到市區也要花一些時間，除了航程外，可能要外加三到四小時。而巴士站通常在市區，火車站則是一定在市中心，可以玩到最後一刻才上車，下車後也可以馬上開始玩，這樣比較起來，所花的時間就不一定是飛機快了。當然，飛越遠，飛機的省時優勢會越顯著，計畫旅程時務必先計算時間成本。

搭機所花真正時間＝市區到機場＋提早抵達（報到、安檢、等待上機）＋下機（含等行李）＋機場到市區。

搭火車VS.搭巴士

火車跟巴士的便利性類似，都是在市區上下車，主要巴士站也幾乎在市中心，但有時配合城市的發展（例如塞車問題嚴重）會移到市中心外圍，買票時還是要查一下。

通常火車價格比巴士貴，但持歐洲火車通票（Eurail pass）搭長程時，就會比巴士划算。雖然火車理論上比較舒適（可以走動、伸展），但火車二等艙的票價常常都比豪華型巴士還貴，對我來說搭巴士的舒適度不輸給火車，價格又較低，所以比較常選擇巴士。

從路線跟班次來看，公路低成本又靈活，巴士比火車班次密集又四通八達，但歐洲鐵道實在太完善了，火車路線跟班次不遜於巴士。到了東歐，火車路線密集度略低，班次少很多，尤其在波羅的海更明顯，巴士因而成為主要交通方式。

在波羅的海三小國首都之間搭巴士旅行很容易，可以預先上網用英文付款訂車票，每天都有近一百班巴士往返，各段車程約三到四小時，票價也不過十到二十歐元的範圍。Lux Express車廂豪華，隨時都有熱飲提供，CP值很高。我也很推薦波蘭的國民巴士PolkisBus，它的路線密集，價格也低。

搭便車 VS. 共乘拼車

　　搭便車是一種刺激的免費交通方式，可以接觸到當地人，但這個方式已經近乎探險，由於路線跟風險的不確定性，也增加了無形成本。共乘拼車（BlaBlaCar）有搭便車的優點，但風險較低：

　　1.省錢：不像搭便車免費，但絕對比火車跟巴士都省。以我從柏林到樂斯拉夫三百五十公里為例，火車車資平均五十歐，巴士車資平均二十歐，但車主只收了我十歐。

　　2.好玩：一樣可以融入當地人的生活，除了車主還有其他共享車位的乘客，危險性比搭便車低，時間與路線都可以事先確認。車主會預先把路線PO上網媒合，跟Uber看似類似，但BlaBlaCar沒有即時定位叫車系統，所以找到當地一般人共乘的機會更大。

> **BlaBlaCar（共乘拼車）**

✧ BlaBlaCar（共乘拼車）網站：
www.blablacar.com使用技巧——事先查看看司機檔案跟評價以及上下車時間跟地點是否熱鬧，增加安全性。

✧ Bus Radar APP：
推薦用Bus Radar APP查詢——輸入起終點，一次查詢就可以獲得火車、巴士跟BlaBlaCar的時間跟價格比較。Bus Radar網站本身不可訂票或預約共乘，但可以直接連結相關網站。
每天中午十二點從集合地點出發（不用預約，請提早五分鐘到達），旺季（如九月到四月中）時段則是每天10：00、12：00、15：00出發。

東歐順遊路線

　　綜合上述各種交通工具，提供大家幾條前往東歐的順遊路線：

從芬蘭赫爾辛基出發

　　赫爾辛基是國際航空樞紐，可以搭國泰航空從台灣出發，飛香港轉機的航班。從赫爾辛基到愛沙尼亞首都塔林，可搭渡輪往返，體驗一日生活圈，然後順勢往南，搭乘巴士旅行。
　　● 赫爾辛基（Helsinki）→塔林（Tallinn）渡輪約兩個半小時。
　　● 塔林→里加（Riga）巴士約四小時。

- 里加→維爾紐斯（Vilnius）巴士約三小時。
- 最後可搭夜車一口氣北返約七小時，回塔林再到赫爾辛基搭機返程。

從波蘭華沙出發

華沙（Warsaw）也是台灣沒有直飛的國家，但可經由中國國際航空在中國轉機前往華沙，票價頗優。抵達華沙後開始巴士旅行，華沙→維爾紐斯搭巴士約六到八小時，接著一路往里加再到塔林，跟前面路線一樣，只是反方向玩。

以上兩種方式，優點是航空公司負責協助兩段機票的轉機，方便很多。直接飛到歐洲，再搭廉航自行轉機也可以。

從台灣直飛維也納

台灣直飛歐洲最東邊的城市就是維也納，搭長榮航空抵達維也納後，搭乘巴士到布拉格或布達佩斯都很便利。

上網、匯兌、保險

最划算的歐洲上網方式

歐洲有很多款預付卡，開卡後在期間內，可使用一定的4G流量、簡訊跟少量通話，而且跨歐洲多國都不用換卡。比較後最好康的是英國的three電信，三十天可使用12GB，還有送通話及簡訊功能。其他家的電信大都只有3～5GB，這對習慣網路吃到飽的台灣人來說，實在不夠安心。最重要的是，在台灣網路上就買得到，在台灣或到歐洲買有價差，但最貴不過一千元台幣出頭而已，先準備好，一下飛機就可以開卡了。

其實買哪張卡都好，最糟糕的莫過於想省錢，一路找免費wifi。歐洲免費wifi很多，但旅行路上有4G相伴，帶來不少便利，也省下搜尋成本，為了省網路錢一路找免費wifi絕對是浪費更多時間。

很多人會考慮租wifi分享機，但我仍然推薦一個人一張網卡，畢竟我們都太習慣台灣方便的手機上網了，一拿起手機就要用。在歐洲旅行除了時間寶貴，還要動作俐落、小心四周，此時若還七手八腳地翻包包、開機連線都太累贅了。

歐洲換錢的最佳方案

　　歐洲並不是每個國家都用歐元，尤其比較晚加入歐盟的部分東歐國家，例如波蘭是茲羅提（PLN）、捷克是克朗（CZK）、斯洛伐克有另一種克朗（SKK）、匈牙利是福林（HUF）等等，而且這些貨幣在台灣的銀行都換不到，一定要到當地才行。

　　我在東歐旅行時，可是一點都沒有被換那麼多種貨幣困擾，因為我用的是跨國ATM提款，到了哪個國家，就領出什麼貨幣，如此一來很簡單。但每當我提出跨國提款的建議時，馬上就會有人質疑，且讓我一一說明吧。

1. 跨國提款要支付手續費，划得來嗎？

　　使用跨國提款、信用卡、旅行支票跟去銀行換錢時，通常都會需要支付一筆手續費，很多人詢問有沒有特殊地點省手續費，我覺得實在沒有必要。當地私人兌換所或黑市常會在門口貼「no transition fee」吸引顧客，但手續費其實算在匯差中，遇到正派的商家一加一減只是賺不多、賠不多，遇到不正派的商家，損失就大了。在人生地不熟、急需現金、資訊不對稱的情況下，想要安然進出私人兌換所或黑市，同時要辨別匯率是否吃虧，想到都覺得累。其實手續費有限，我有機場的四號通行證，可以在機場銀行免手續費，也不過才省一百元，特地帶證去換錢，反而浪費更多時間成本。

　　各家銀行的手續費都是計次在七十到一百元台幣之間，這是台灣的銀行收取的，每次提款抽取1.1%～1.5%給國際換匯組織。歐洲每次提款常見的上限是四百到六百歐元（視對方銀行而定），舉例來說：當你兌換等值約一萬四千元台幣的外幣，要付出兩百二十到三百一十元台幣的成本。

　　這樣算下來，CP值實在太高了，不用帶大筆現金在身上，也不用冒著錢還沒花完就被偷的風險，旅行到任何一個國家，就有人奉上適量的當地貨幣。

　　如果不是用跨國提款，就要帶整趟旅行的現金在身上，因為換錢不易，通常都會換「過量」的現金，若是歐元還好，但帶著花不完的福林或克朗到下一國，就像廢紙一樣可悲了，浪費的可能是數千元，而不是兩、三百元的手續費了。

2. 跨國提款匯率是不是最低？

　　不一定是最低的，但一定是比較低且誠實的匯率。匯率有分現金匯率跟即期匯率，現金匯率就是直接去銀行兌換的匯率，因為實體交易成本高，匯率也比較差；而跨國提款就是即期匯率，一定比較低。

　　講到匯率，我就想問大家：「您有一百萬要換嗎？」如果沒有的話，一般旅行花費的匯差是差不了多少的。

3. 到了當地提領不出現金來怎麼辦？

　　這個擔心是正常的。提款卡上有磁條跟IC晶片，台灣提款機讀的是晶片，歐洲讀的是磁條，磁條有不明原因消磁的風險，但機率不大，不然歐洲人也不會用了。我會帶不止一張提款卡出國，分開存放並包上錫箔紙，相信每張都消磁的機會不太可能發生。

　　除了歐洲，我在陌生的約旦、封閉落後的緬甸跟寮國都領過錢，我想世界上已經沒有多少地方是可以阻止銀行之間的串連了。

4. 跨國提款需要做什麼事前準備呢？

首先，出國前要請銀行開通跨國提款功能。我則是每次開戶都一律開通這個功能，多多益善，以免之後還要跑一趟。

其次，要設定磁條密碼。在台灣，通常我們只記得八位數晶片密碼，但到了歐洲，提款機讀的是四位數的磁條密碼，常常不是沒設就是忘了。出國前可以到提款機點選磁條的功能，檢查一下磁條是否正常，以及確定自己記得密碼。

跨國提款分成cirrus跟plus兩種系統，當提款機跟你的卡上有相同標誌時就可以領錢了，所以我兩種卡都會帶。

5. 不知道要領多少現金才夠用，又不會換太多造成浪費？

我一般不會想這個問題，反正領錢太方便，不怕領不夠，只怕一次領太多。其實在歐洲，一半以上的花費都可以用信用卡處理，住宿、機票跟搭車都可以線上刷卡，去餐廳消費也是。所以時間長的話，我通常直接換四百到六百歐元（常見歐洲提款上限），等到旅行後半段，如果覺得現金會剩下，就漸漸少刷卡改付現金，離開時現金就可以剛好用完。如果一時失手提早用完，再領就好。

環遊世界的申根保險

到歐洲需不需要申根保險，網路上有很多似是而非的說法。我敢肯定地說歐洲海關沒有規定要申根保險，但它關係到個人承擔意外費用風險的能力，尤其歐洲醫療費特別貴，所以我一定會買。申根保險的特點是倘若出事時，包含遺體運回（或醫療遣送），萬一不幸發生身故或大病，你總不希望留下龐大負債給家人吧！

申根保險的另一個特點是保險公司直接付錢給當地機構，白話地說就是怕費用太高，有人當下付不出來（傳統保險是當事人要付錢，事後再請款）。

我在義大利念書時，曾經跟朋友到德國旅遊，他因為酒精中毒被送進急診室，醒來之後就被急診室扔了出來。當時他還處於抽搐狀態，我也替他據理力爭，但急診室的工作人員說：「眼睛張開後就不是我們的服務範圍了。」然後這種醫療等級就收了一百歐元。而我買了一百天的保險，保費才三千多元台幣。

但事實上沒有一種保險叫申根保險，而是符合申根國家建議的旅遊平安險，不限於申根國家使用，只是使用時保障內容高於其他非申根國家要求。所以我從歐洲到以色列、約旦、泰國、緬甸、越南、日本時，用的就是原來的申根保險。

波羅的海三小國
愛沙尼亞、拉脫維亞、立陶宛

波羅的海三小國自助旅行難易度		
自助評估重點	**難易度**	**說明**
市內交通	易	三國主要城市的景點幾乎靠步行就可串聯， 郊區觀光小鎮也只要一班巴士即可當天來回。
行程規劃	易	三國之間交通順暢，點跟點之間幾乎一路排成南北向， 且班次密集、跨國景點容易銜接。
旅遊風光	中上	擁有小家碧玉型的清新風情，適合喜歡慢遊的旅人。
治安情況	佳	小偷都在義大利跟巴黎。
基本花費	低	窮遊也可以在當地過著小奢華的生活。

　　大家從地理課本上都知道有波羅的海三小國（The Baltic States）的存在，除此之外，幾乎對它們一無所知，安排歐洲旅遊計畫時也很少會想到它們。但我在歐洲旅行時，當地的沙發主聽到我要去波羅的海三小國，可都是帶著羨慕的眼光，甚至滔滔不絕地講起自己的美好旅遊回憶呢。實際走過波羅的海三小國後，它們真的是我旅行過最簡單、最能讓身心放空的歐洲國家。

　　也許很多新手裹足不前是因為擔心行程複雜、安全問題、荷包很扁，那麼，愛沙尼亞、拉脫維亞跟立陶宛是很適合新手的路線，而且一趟旅行就可以完成多國踩點的心願。

三國的首都就是觀光精華

　　愛沙尼亞首都塔林（Tallinn）有大城市的便利，也保留中古世紀老城區的完整風貌，連歐洲人都覺得原汁原味，紛紛來此追尋典雅的老歐洲風情。拉脫維亞首都里加（Riga）至今仍然保留著不少中世紀街容，雖然沒有塔林童話般的氛圍，遊客一樣絡繹不絕。里加是整個波羅的海最多采多姿的商業和娛樂城市，古蹟、購物、美食及五光十色的夜生活都滿足了觀光客的需要。我在hostel認識很多從歐洲大城市來的朋友，他們都是專程飛來這裡度週末跟夜生活的。立陶宛首都維爾紐斯（Vilnius），是波羅的海三小國首都中最不繁榮的城市，但我卻記憶深刻，因為它的建築、公共設施都還留有蘇聯共產主義時代遺下的痕跡，具有冷戰時期的味道，也讓人有時空停滯的感覺，非常特別。

基本路線：首都（塔林、里加、維爾紐斯）＋十字架山

波羅的海三小國面積不大，首都就是最具代表性的旅遊地點。以三國的首都為主，再加上立陶宛的十字架山，這四個地方是長途移動的點，而且在同一條巴士路線上，非常方便。

如果時間不夠的話，我會建議捨去立陶宛首都維爾紐斯的行程，但十字架山卻不可錯過，從拉脫維亞的首都里加出發，可以當天往返。

加碼路線：第二大城或較具規模的城市

除非時間很多，或有一定要踏遍波羅的海三小國的決心，否則不需要每個城市都去。逛完首都之後，若有時間的話，不妨順道前往第二大城或較具規模的城市。

帕努（Parnu），是愛沙尼亞人夏天玩水的地方，臨波羅的海，優點是往返塔林到里加的路上順路。塔圖（Tartu）是愛沙尼亞的第二大城，也是個大學城。考納斯（Kanus）是立陶宛的第二大城，有小巧的老城區，往返維爾紐斯到里加的巴士會經過，中途停留的話不用繞路。克萊佩達（Klaipeda）是立陶宛唯一的海港城市，銜接的庫爾斯沙嘴國家公園則被列為世界遺產。我問過當地人，也看過很多分享，立陶宛其他城市中克萊佩達跟尼達（Nida）因近於庫爾斯沙嘴及沙洲較有特色，只是要稍微繞路到立陶宛最西的海岸線。在基本路線中一定順路的帕努跟考納斯，我也沒有稍作停留，並不是這些城市不好玩，只是覺得要把時間花在更值得去的塔林、里加及十字架山上。

塔林 －最常出現在明信片美照中的度假勝地－

這趟長途旅行並沒有行程表，一心只想著先飛出去再說。我把台灣護照那長長一串免簽名單存在手機裡，展開一場無國界的旅行，只有簽證是限制，抵達德國後就一路往東，最後竟然抵達了歐洲免簽的盡頭——愛沙尼亞。

從愛沙尼亞想再往東，由較晚脫離蘇聯勢力範圍的白俄羅斯、烏克蘭開始，到俄羅斯，再到中亞，可以說一大片都是台灣護照難以抵達的地方，更別說免簽了。於是站在愛沙尼亞首都塔林街頭，我有一種抵達歐洲極東的踩線感。

塔林行程規劃建議

有八百年歷史的塔林是歐洲少數保留舊時代原貌的城市，整個城市就像是座露天博物館，很適合踏著石板路跟羊腸小徑，一步一腳印地感受它的魅力所在。不用刻意規劃路徑，只要在地圖上把幾個代表性地點圈起來，花一、兩天漫步就能走完。

1. 第一天

上午先參加Free Walking Tour，讓當地人帶你熟悉錯綜複雜的老城區，了解這個城市的故事。你可以依照自己的興趣，向導覽員詢問當地有沒有什麼私房景點，像我都會打探關於餐廳的情報，找尋具代表性的傳統食物。

下午到郊區的水上飛機堡港口博物館，除了因為這個地方實在太精采外，也可以跟上午及明天的老城風景行程區隔，保持一些新鮮感。

2. 第二天

第一天跟著導覽員，已初步了解整個城市的輪廓，所以隔天我又重新走過前一天喜愛的城市角落，好好欣賞眼前的美景。重複去一個地方，看到不同時段的風景，也是我覺得自助旅行最棒的地方。

塔林是很值得細細觀看的城市，走太快的話反而沒有記憶點。由於第一天有人帶路，此時已經不用拿著地圖，也沒有分心找路的急迫感，更能融入中古世紀的老城氛圍之中。

跟著Free Walking Tour漫遊塔林

前往愛沙尼亞的路上，我在沙發衝浪、便車上、hostel等不同地方與歐洲人聊起旅行，當他們知道我可能會去塔林時，都異口同聲地說：「很美、很棒、好夢幻！」卻沒有提過塔林任何景點，當下我就明白，塔林本身就是一個大景點。

塔林雖然是首都，卻像一個古典精緻的小鎮，從一個景點到達另一個景點之間的古城散步，是觀光重頭戲。塔林的Free Walking Tour提供免費的城市導覽，不用事先報名，隨時都可以參加。Walking Tour的導覽員不像我們印象中的職業導遊，更像是在地文史工作者。由於道路跟講解內容常常建立在導覽者對城市的熱愛，因此沒有人帶的內容是一樣的。

在波羅的海三小國中，塔林可以找到最多的中文介紹，但內容卻跟當地人所說的差異極大。以戰爭史來說，多數中文資料寫到塔林的塔很多，防禦力強，很少被攻陷，古城才能保留得這麼完整。簡單一句話，合乎邏輯，也融合了塔林的名稱、建築跟完整古城的由來，但我遇到的當地導覽員的說法卻讓人懷疑，到底誰在唬爛呢？

我的導覽員是位古怪豪爽的紅髮大妞，我們站在口圖眺望台，她指著塔林的高塔說：「愛沙尼亞人個性很豪爽、大而化之，打仗也是一樣；本來這個方位要蓋九座防禦塔，但大家都不急，不急到敵人都來了，還差好幾座塔沒蓋好。既然沒東西可以防守，不如投降好了，因此我們的祖先沒有激烈抵抗跟死人。」根據導覽員說法，在蓋塔的百年間，敵人來來去去好幾次，當地人每次發現又沒蓋好時，就很乾脆地投降，損失也比較小。

　　雖然無法百分之百考證誰對誰錯,但我很喜歡Walking Tour的解說,也讓我更了解愛沙尼亞人的真性情。

Tallinn Free Walking Tour

❖ 出發時間:
　每天中午十二點從集合地點出發(不用預約,請提早五分鐘到達),旺季(如九月到四月中)時段則是每天10:00、12:00、15:00出發。
❖ 集合地點:塔林遊客中心(Tallinn Tourist Information Centre)。
❖ 地址:Niguliste 2, 10146 Tallinn。
❖ 導覽時間:兩小時。
❖ 費用:免費。若覺得導覽不錯,可在結束時給予小費。
❖ www.traveller.ee/tour/tallinn-free-tour。

推薦景點

　　塔林老城區的面積大約一平方公里,分為上城區跟下城區,全程可以靠步行走完景點。

　　在塔林老城閒逛時,隱約覺得上城跟下城地圖上看似一體,但格局卻不像是同一個城市,而是各自獨立的小世界。果不其然,上城區是皇室跟貴族活動的區域,位於西邊一大塊石灰岩小山上,目的就是要以制高點控制販夫走卒生活的下城區。這兩區居民由於相處不睦,中世紀時期就常在入夜時封閉往來的通道。

1. 上城區
● 亞歷山大涅夫斯基大教堂 (Aleksander Nevski katedraal)

　　這是觀光客最喜歡的教堂,也是塔林人最厭惡的教堂,理由卻一樣,皆因它是東方正教的教堂,特徵是充滿俄羅斯風情的洋蔥頂。

　　這座一八九四年俄國沙皇亞歷山大三世建立的教堂,由俄國出資興建,連設計師都是從聖彼得堡找來的,是血統純正的俄國教堂。對愛沙尼亞人及俄羅斯人來說,它都是一種入侵跟震懾的象徵,教堂的位置選在制高點,也有軍事效果。

由於教堂外觀對遊客來說實在太有異國風、太夢幻了！當紅髮大妞用略帶嚴肅的表情講述俄國統治時期的黑歷史時，後方的團員們還是忍不住少女心大噴發，對著洋蔥頂自拍起來。等到導覽結束，隔天我又按捺不住跑回來參觀，還入內參加了彌撒儀式。

👍 開放時間：週日～週五08：30-18：00，週六08：00-19：00。
👍 門票：免費。

● 圖姆皮堡（Toompea Castle）

　　站在這幢粉紅色的巨大樓房前，好像來到電影《布達佩斯大飯店》裡浮誇的場景，我猜想裡面可能是某個老飯店或是藝術畫廊吧！結果導覽員話題一轉，我才知道竟然是愛沙尼亞國會大樓，歷史上多次擴建，原因是愛沙尼亞遭受各國的軍隊入侵時，這裡屢屢成為新的權力核心進駐地，也是外來政權的象徵。

👍 開放時間：週一～週四10：00-16：00，週五10：00-15：00。必須預約導覽。
👍 門票：免費。

● 口圖景觀台
（Kohtuotsa Viewing Platform）

　　塔林最迷人的景色，就是從高處景觀台觀看
四周的屋頂跟可愛尖塔所展開的天際線。座堂山
（Toompea）是個布滿建築、猶如迷宮的小山城，
山上有好幾個景觀台，就像迷宮一樣，通通都去
太費力。其中我最喜歡的是口圖景觀台，要不是
跟著Walking Tour，不一定會來到這個美麗的眺望
點。往後三天，我又找了不同時間，在不同的光線
下來此眺望遠方，還有跟景觀台的海鷗明星合照。

　　如果Google Kohtuotsa觀景台，你會發現人
人都拍到一隻會找鏡頭的海鷗。不管你怎麼拍，
牠似乎都會不經意地入鏡，而且pose一百分。

👍 開放時間：二十四小時。

👍 門票：免費。

2. 下城區

● 維魯門（Viru Gate）

　　從立陶宛搭乘夜車到塔林，下車時間是早上七點多，站在市區卻有凌晨四、五
點的冷清，因為冬天愛沙尼亞的日出時間是早上九點。

　　塔林不愧是處處景點的城市，一不小心就走到了維魯門，眼前打著光的維魯門
像是根暖光棒，成為我在寂寞中唯一的夥伴。它古老簡單的白色高塔及亮眼的紅色
屋頂，矗立在商業區中，就像我在很多明信片上看到的畫面。

　　維魯門是塔林自古以來的
陸運大門，跟靠近碼頭的大海
岸城門一同掌握了塔林幾百
年來的海陸往來要道，只是現
在入夜之後再也不用緊閉城
門了。

👍 開放時間：二十四小時。

👍 門票：免費（參觀外觀）。

● 塔林市政廳與市政廳廣場
（Tallinna Raekoda & Plats）

市政廳是下城區的權力核心，市政
廳廣場則是民眾日常生活的中心。但市
政廳外貌不比周圍的歷史建築顯眼，或
者應該說這條街上每個建築都是水準之
上，所以看不出特別之處。

唯一比較具辨識度的是市政廳的鐘
塔，看起來很像清真寺的拜塔，據說是
受到東方探險家的影響。這裡的東方，
指的是西亞，對當時的歐洲人來說，我
們身處的亞洲是遠東。

歐洲唯一有陸地銜接其他文明的是東邊，我們講的歐洲文化其實是漸層的，它
慢慢摻雜了俄羅斯、西亞，甚至匈牙利跟土耳其的血統。這就是往東邊歐洲走有趣
的地方。

👍 開放時間：市政廳七月～八月，週一～週六10：00-16：00；九月～六月需要預約；廣場二十四小時。

👍 門票：市政廳成人5歐、學生3歐；鐘塔成人3歐、十六歲以下1歐。

👍 廣場：免費。

● 皮克街（Pikk Street）

下城區的主要街道，塔林大約百分之五十的景點集中在此，它就像整個老城區
的縮影。

從市政廳廣場一路往北走，首先遇到一四二二年就開始營業的市政廳藥局
（Paeapteek）。看遍了百年城堡教堂，看到百年商店跟那些政治宗教用的器物完
全不同，十分新鮮。

接著是屬於路德教派的聖靈教堂（Püha Vaimu kirik），它是十四世紀的哥德式
建築。聖靈教堂的對面是大基爾特之屋（Great Guild Hall），大基爾特的起源可追
溯至一三二五年，有點像是工商協會之類的團體，只有當地最富有或受人敬重的人
才有資格加入。除了貴族講究血統外，其他官員或議員都可以從大基爾特選出。
距離大基爾特步行不到一分鐘是聖卡努堤基爾特廳（St Canutus Guild Hall）跟黑人
頭兄弟會（Mustpeade Maja），一聽名字就知道聖卡努堤基爾特廳跟大基爾特有關
（Guild是公會的意思），大基爾特是頂層人物的公會，聖卡努堤基爾特會員皆來
自德國的職人，也就是各種工匠。黑人頭兄弟會則可追朔自一三九九年，是資歷尚
淺的商人在還沒有進入大基爾特之前組成的團體。

從皮克街走到底可以見到「三姊妹」（The Three Sisters），它是三棟相連的十五世紀富人民宅，雖然比不上皇宮亮麗，但煙囪、門廊、山牆、廚房、主人書房、客廳、臥室、儲藏室一應俱全。

這是塔林古城有趣的地方，其他城市多半是留下教堂與城堡這類跟宗教或政治有關的建築。也許只有像塔林這樣幸運沒有被戰火摧毀的首都，才有大量像商會、藥局跟民宅這類平民古蹟留下給後人憑弔。

👍 開放時間：二十四小時。

👍 門票：免費（參觀外觀）。

● 大海岸城門（Great Coast Gate）

這是一個非常可愛的城門，通常城門都會左右連接著塔樓，類似防禦哨所的作用，但這個城門連的塔樓超級不協調，一邊是正常尺寸，一邊是粗到有點幽默的大小。這座高度跟腰圍不成比例的塔樓，被大家戲稱「胖瑪格莉特塔」，超級貼切。

👍 開放時間：二十四小時。

👍 門票：免費（參觀外觀）。

CHAPTER
2

3. 郊區
● 水上飛機堡港口博物館（Seaplane Harbor）

　　皮克街的盡頭是胖瑪格莉特塔駐守的大海岸城門，再往北走就是港口。過了大海岸城門往北兩公里就會來到這個巨大的水上飛機堡博物館，裡裡外外掛有各種武器展覽。有多誇張呢？現場直接掛著一般攻擊潛水艇在半空中，還可以近距離接觸船員生活跟戰鬥的各種設備，在搖晃的空間中，廚師要綁住自己做菜，狹窄的上下舖就塞在魚雷旁邊。現場還展示了不少船艦火砲，為了讓遊客看清楚，直接把艦橋砲塔拆下來，再大工程對切巨大的砲塔展示剖面。

　　館內各種現代跟古代船艦非常多，堆到外面，像是停車場一樣，可以隨意進入。有一艘巨大的破冰船在旁邊港口，有貴賓的廂房，還可以進入引擎室，以及電影中常有的剷煤進火爐的場景出現。

　　除了展覽品超棒，展示方式細膩，這裡也是很好的親子共遊空間，有各種模擬器像是遙控船、飛機艙、機槍都有，令人超乎想像。

👍 開放時間：每天10：00-19：00。
👍 門票：成人15歐、學生8歐。

私房美食

● Ⅲ Draakon：有「野蠻店員」的餐廳

我是凌晨抵達塔林，最擔心的不是一個人走在歐洲街上是否安全，而是肚子好餓呀！街上沒有台灣隨處可見的7-11可吃早餐，於是我鎖定早上九點就開門的餐廳——販售平價堪薩斯菜的特色餐廳。

它有個特色：「國外網友大推這裡有超粗魯的古裝店員。」、「網友評價被她們罵得超有fu！」

這是一間昏暗的中古世紀裝潢餐廳，位置就在市政廳廣場，營造給平民的窮酸環境，用粗糙的陶碗喝酒吃肉，有免費大甕的醃酸黃瓜，堪稱一絕的就是裝扮成中古世紀的店員。

店一開門，只有我一個客人跟店員，畢竟歐洲人沒那麼早吃午飯。

環顧四周沒有菜單的蹤影，我問：「請問有菜單嗎？」

粗野的女店員扯開大嗓門說：「沒那種鬼東西，你是不會直接點嗎？」

（哇～～這就是傳說中的粗野風cosplay，好逼真！）

為了入戲，我也故作豪邁地說：「那就推薦妳的拿手菜吧！」

粗魯婦人用100%嗆聲的語氣說：「店裡所有東西都難吃死了，這也難吃，那也難吃！」

我：「那，隨便給樣菜……」

粗魯婦人：「沒有東西叫隨便，什麼屁話！」

……接下來靜默長達三十秒。之後，我的笑容變得僵硬，心裡升起了想逃走的念頭，但連續坐夜車又十二小時沒吃東西全身無力，只好冒著再被打臉的勇氣擠出一句：「香腸跟啤酒。」

經過了漫長的三秒鐘，粗魯婦人不屑地說：「有，去坐下，你點的真少！」

謝天謝地～～～我終於解脫了！接下來有其他客人陸續進門，我不禁期待著等

下會有好戲上場。

　　就在我的野豬香腸吃到一半時，有幾位優雅的金髮太太走進來，其中一位太太趁著朋友在點餐時先走到後面找廁所。（題外話，是一個挖洞鋪木板的中古世紀馬桶。）

　　粗魯婦人開始對著天花板大叫：「這是我的餐廳，不是妳的公共廁所，不要來偷撒尿！」而且還連續講三遍，此時客人都露出一臉凝重的表情。

　　離開餐廳時，我忍不住想，究竟是店員假裝粗魯，還是找來的店員很粗魯，假裝是特色呢？後來我在某本台灣人寫的旅遊書上看到「III Draakon有穿著古裝店員，友善的眼神，會跟客人演戲打情罵俏」的文字，心想作者一定沒去過這家餐廳。同時幻想著這本書的讀者，高興地走進III Draakon的畫面，不禁露出了幸災樂禍的微笑。

👍 營業時間：每天9：00-24：00。

👍 美味推薦：野豬肉香腸（Savoury sausages of oxmeat）、鹿肉湯（Elkmeat soup）、酸黃瓜。

👍 消費水準：低價。

👍 電話：＋372-627-9020。

👍 地址：Town Hall | Raekoja plats 1, Tallinn 10114。

👍 www.kolmasdraakon.ee。

● Rataskaevu 16：五顆星的朝聖餐廳

　　當我看到網路上有人分享到塔林必來「16」這家餐廳，而且要預約時，心裡還半信半疑，接著查了我最信任的Tripadvisor（只限在歐洲好用），一查之後不得了，我還是首次看到一間有六千多人評分的餐廳被評為五顆星（滿分）。通常越

多人評比，分數越不會到極端值。除此之外，它的排名也是塔林第一。

　　以往遇到Rataskaevu 16這種需要預定的餐廳，即使事先就知道，我多半選擇放生，不想要行程因此受限。但一切都是緣分呀！用餐時間前，我無意間走過一家餐廳，看見餐廳還沒開門，門口就已經排滿了

人，原來就是鼎鼎大名的Rataskaevu 16。

在歐洲很少見到餐廳排隊的畫面，更何況是高級餐廳。眼見餐廳快開門了，我也加入排隊行列，想花一點時間碰碰運氣。像我這種隻身來到高級餐廳的客人，算是比較罕見的，剛好當時有個單人座位，才讓我得以越過長長的人龍，走進大門。

大家有看過電影《天菜大廚》嗎？劇中米其林的調查員會用把叉子放在地上等各種方法，測試服務人員的反應能力。我在看歐洲人對於餐廳的留言評分時，也發現他們十分重視服務人員的應對，以及餐廳整體給予客人的感受。

Rataskaevu 16就帶給我這樣的體驗，女服務生把我盯得很緊，不只是點菜、送菜、結帳而已，她是把我從走進到走出餐廳門口的過程，都當作是她的責任。

正當我看著菜單，對於要點「鹿」肋排還是馴鹿後腿肉猶豫不決時，她告訴我，主廚對兩種肉的烹調手法有哪裡不同。她說這道菜是將麋鹿後腿肉烤過後，用低溫慢燉六小時，因此我點了燉麋鹿肉（Braises elk roast）。在我的認知裡，鹿肉很硬，後腿肉則是全身最硬的肉，但低溫慢燉可以使肉類柔軟，點這道菜就是為了見識用這種方式烹調的麋鹿肉。

在國外較好的餐廳，服務生具備點餐素養是很基本的，他們會告訴客人的比菜單上更多。除了麋鹿肉，我又在菜單上看到了一個陌生單字Lamprey（七鰓鰻），Google圖片後，我心想不認識這個單字也是合情合理的，這個外型超詭異的東西應該是生物學家才認識吧！在女服務生專業的介紹下，我滿心歡喜地期待這個新奇的菜餚上桌。

女服務生顯然掌握到我的點菜偏好，她仔細介紹自家的甜點，推薦藍紋起司蛋糕，這種很多人害怕的blue cheese，竟然還做成清新可口的蛋糕，讓人躍躍欲試。

於是我有了一套非常滿意的組合：

● 前菜——七鰓鰻沙拉。
● 主菜——慢燉麋鹿肉。
● 甜點——藍紋起司蛋糕。

其中最搶戲的是七鰓鰻,味道腥香,很提味,有野獸的味道。太野的話會難以下嚥,但這道菜是做成沙拉,剝下一點鰻肉配著芝麻葉(味重)跟蛋黃(溫和),口中的味道變得巧妙。後來有網友告訴我,七鰓鰻是珍饈,在法國是十倍的價格,真的賺到了!

──傳說中的愛沙尼亞怪談現場──

在歐洲,餐廳本身是古蹟已經不稀奇,但「16」餐廳廁所的地板是透明玻璃,一邊蹲坐在廁所一邊看著地下的遺跡就很特別了。

而且這間餐廳竟然還流傳了一段鬼故事:餐廳的前身是一間飯店(在歐洲所謂「前身」都是百年起跳的),從外面看這間餐廳的頂樓有一扇窗是假的,因為真正的窗戶早已封死,據說那間房間曾經租給魔鬼辦婚禮,在半夜偷窺的飯店老闆也離奇死亡。

雖然如此,這間餐廳明亮乾淨,而且布置充滿品味,可不是恐怖小屋喔。而用餐過程中,服務生經過時都會熱情又不打擾地前來關心,還會在收據上寫一些給客人的話,十分貼心。

👍 營業時間:週日～週四11:00-23:00,週五～週六11:00-24:00。

👍 美味推薦:七鰓鰻沙拉。

👍 消費水準:中高價位。

👍 電話:+372-642-4025。

👍 地址:Rataskaevu 16, 10123 Tallinn。

👍 rataskaevu16.ee。

我曾在國際航空的空廚工作，每天撰寫各國航線的英文菜單。這個工作經驗，讓我旅行時看到英文菜單，至少都能讀懂百分之八十。菜單上那看不懂的百分之二十，通常不是單字認識不夠多，而是菜色太稀奇，就算加上中文名牌，可能都沒看過或聽過。

身處在網路時代，找餐廳還可以上網先做功課，臨時想找的話也可以從門口看生意好不好，但點菜就是真槍實彈了。其實在國外點菜超簡單，就算是不會英文的人，看完這篇文章，也可以掌握英文菜單上的五成內容。在西餐的菜名上，一道菜怎麼烹調，用了什麼食材，淋了什麼調味，都會寫得清清楚楚，就像化學方程式。以台菜為例，歐洲菜會寫得像油炸發酵豆腐佐醃漬生菜（臭豆腐）、清蔬牡蠣蛋汁煎餅（蚵仔煎）跟陳年醬油燉煮五花肉（東坡肉）一樣清楚，是不可能看不懂的，可能有少數例外，但已經足夠應付點菜了。

如果遇到沒學過的英文單字怎麼辦？西餐菜名的組成，說穿了就是動詞＋名詞，動詞是烹調的方式，名詞是食材或醬料。例如慢燉麋鹿烤肉Braises（熬煮） elk（麋鹿） roast（烤），很直觀就是把麋鹿烤肉拿去燉。

❖ 烹調方式

只要記得很少數並且常見的烹調單字跟食材單字，大致上就沒問題了。

世界上烹調的方式有限，不外乎蒸、煮、炒、炸、烤、燉等等，背下以下十六個單字，已經能看懂英文菜單上百分之九十的烹調方法。

- 水煮：Boil
- 汆燙：Blanch
- 熬煮：Braise
- 滾煮：Poach
- 煎：Pan-fry
- 炒：Stir-fry
- 油炸：Deep-fry
- 切碎後再炒：Hash
- 嫩煎：Saute
- 煎至金黃色：Brown
- 炭火燒烤：Barbecue
- 火烤：Grill
- 烤：Roast
- 煙燻：Smoke
- 燉：Stew
- 蒸：Steam

❖ 肉品種類

至於食材的單字就太多了，畢竟美食世界博大精深。食材可以分為肉跟佐料，佐料的單字量幾乎無限，但是肉的種類非常有限，看懂肉的單字就掌握了菜名的主體。

走進街上的餐廳，常見的肉有雞、鴨、豬、牛、羊、魚、蝦、蟹，到任何國家都是如此。

- 雞：Chicken
- 鴨：Duck
- 豬：Pork
- 牛：Beef
- 羊：Lamb
- 魚：Fish
- 蝦：Shrimp
- 蟹：Crab

每一種肉還會分部位，例如Chiccken Leg（雞腿）、Duck breast（鴨胸）、Pork Ribs（豬肋）、Lamb shoulder（羊肩），加上部位以後單字就變多了，但認得肉種比較重要。例如認得Chicken起碼知道等一下上的菜是雞肉，如果只認得leg（腿），豈不是很恐怖？！

❖ 餐點分類英文單字

西式菜單不外乎以下分類，可以避免點了一桌前菜卻沒有主菜上桌的窘境。

- Appetizer：前菜
- Salad：沙拉
- Main course：主菜
- Soup：湯
- Dessert：甜點
- Drink：飲料

❖ 背包Ken的點菜心法

1. 觀察複製法：

適合懶惰或總覺得店裡一定有必點菜的人。

走進店裡觀察一下大家桌上點些什麼，如果點同一道菜的人很多，而且他們的表情看起來很享受，我就問店員是菜單上的哪一道菜。

2. 保守法：

適合身心不順、想吃沒有意外的食物，或本來就不愛嘗試新東西的人。

這篇文章提到的單字都是最常見的，只點這些看得懂的餐點，就可以吃到最不意外的食物。至於菜單上還有些沒學過的單字，也不用查了，通常都是很不保險的食物。

3. 創新法：

會讓人驚奇的菜有兩種，一是沒吃過的食材，二是沒試過的烹調方法。我最常用的點菜原則是攤開菜單，看不懂的那個單字，通常就是會令人大感驚奇的菜，例如兔子、麋鹿等等。

STARTERS

grilled zucchini salad   4,90€
CASHEWS, CRUNCHY BEETROOT, SLICED CHEESE

raw buckwheat salad   5,80€
SUNDRIED CHERRY TOMATOES, CARROT,
PUMPKIN SEEDS AND FRESH GREENS

fried Baltic herring fillets   5,80€
PEARL ONIONS, FRESH SALAD, ROASTED
BREADCRUMBS, COTTAGE CHEESE SAUCE

roasted lamprey   6,70€
POACHED EGG, RUCOLA, ROASTED ONIONS

freshly salted salmon   6,90€
TROUT CAVIAR, RED ONION, MUSTARD SAUCE

oven baked goat cheese   7,40€
WARM VEGETABLES, BERRY SAUCE

beef tenderloin with avocado   8,60€
LIGHTLY SALTED FRESH CUCUMBER AND A
MUSTARD SAUCE

selection of estonian cheeses   8,50€

SOUPS
pumpkin soup

MAINS

chicken breast   9,80€
MINI BROCCOLI, PAK CHOI, GREEN TOMATO AND
RED WINE SAUCE

grilled pork tenderloin   10,40€
BROCCOLI, POTATO CAKE, MUSTARD SAUCE

oven baked portobello mushroom   10,60€
GREEN PEA COULIS, ASPARAGUS

oven baked salmon   12,60€
POTATO-CHIVES CREAM, ASPARAGUS, SUGAR PEAS

wine braised lamb neck   14,80€
BLACK LENTILS, SAVOY CABBAGE,
A ROSEMARY-RED WINE SAUCE

deer entrecôte   15,70€
MUSHROOM RISOTTO, FENNEL,
CREAMY GREEN PEPPER SAUCE

braised elk roast   16,90€
CELERY PUREE, BEETROOT, CARROT,
BLACK CURRANT SAUCE

DESSERTS

buckthorn-coconut ice cream   3,50€
ROASTED OAT FLAKES, BERRIES

超值住宿

● Red Emperor Bar Hostel

在國外找hostel很簡單，我不只看第三方網站上分數高的，還要樣本數夠，再看分數的分布。所以我住過的 hostel，百分之九十九都是值得推薦的。

這次住的 Red Emperor Hostel，最棒的就是淋浴間很深，裡面乾濕分離，還有墊高的木地板，這樣就可以有一個可以安心吊掛私人物品、穿衣服的乾爽空間。

背包客基本上要的不多，能有衛生安全的地方洗澡、睡覺就好，多了這麼舒適的淋浴空間頓時心情大好，也代表店主不只是開門等著賺錢，更是用心經營。

● 交誼空間：★★★★，大客廳中有許多聊天角落，交友很方便。

● 廚房設施：★★★★，就在客廳中，煮菜比較不寂寞。

● 床位舒適度：★★★★，背包客只要床舖乾淨、有插頭就滿足了。

👍 電話：＋372-615-0035。

👍 地址：Aia 10, 10111 Tallinn。

👍 www.redemperorhostel.com。

● Euphoria Hostel

　　一個人旅行，很重要的一點是想擁有獨處的空間。雖然我很喜歡上一間Red Emperor Bar Hostel，但還是決定再換另一間。第一間 Red Emperor走party風，大廳裡空間設計明亮、氣氛熱鬧，彷彿在催促我跟對面的人主動交談。

　　換到這間Euphoria Hostel一樣有很棒的大廳，昏暗的空間中有舒適的沙發，適合慵懶地蜷縮在沙發上。到了晚上，牆壁上會投影著電影，大家可以一起坐在大廳觀看影片、聊天；想獨處的話也能安安靜靜地看電影，十分自在。

　　這間hostel最大的優點就是要脫鞋，可以在地板上打滾，有種回到家的放鬆感。除了背包客們一致抱怨找不到大門口之外，這間 Euphoria Hostel的評價超高，讓我很滿意。

　　● 交誼空間：★★★★★，大廳乾淨，氣氛輕鬆。
　　● 廚房設施：★★★，比較陽春。
　　● 床位舒適度：★★★★，背包客只要床舖乾淨、有插頭就算不錯。

👍 電話：＋372-5837-3602。

👍 地址：Roosikrantsi 4, 10119 Tallinn。

👍 euphoria.traveller.ee。

里加 －最多元華麗的波羅的海城市－

捲入荷日感情事件

前往里加前，在塔林hostel的一位日本女孩引起了我的注意。會特別注意到這個日本女孩是因為她不像典型的背包客，不太會英文，嘴裡不斷重複說著「haha～so funny」，除了連「Good Morning」都聽不懂外，她還很怕生，以至於關在hostel內好幾天都無法出門。

我跟hostel其他亞洲人努力用Google翻譯和她交談，拼湊出她來到這裡的原因：「跟一位荷蘭朋友約在愛沙尼亞，所以什麼都不會就來了！」

我們覺得這超像跨國網路交友詐騙，但她卻回答：「跟荷蘭朋友在日本就認識了！」

總之無解，再一次見到她，是我到巴士站準備要去里加時，看到一行三人組，其中一位是那個日本女孩，旁邊有一位外型成熟的荷蘭男性，以及一位看起來很老練的日本女性背包客，他們和我搭同一班巴士。

在車上，我看到那位荷蘭男士非常「親近」那位日本女孩，她卻沒有回應，不久之後，那位日本女孩就示意我能否坐到他們旁邊。

實在太詭異了，你們不是「那個」關係嗎？我直覺的反應是問她：「是不是有不好的事情？」得到的答案又是否定的。

想想和女孩同行的還有位日本背包客很老練，應該是安全的，所以我安心不少，但還是不敢坐過去。

下車後，我走向自己的hostel，結果發現，日本背包客竟然沒有跟他們同行，而是跟我住在同一個hostel。

我們幾乎同時朝對方大叫——

我：「靠夭，我以為你們是一起的，我才覺得那個女孩應該沒有危險！」

日本背包客：「八嘎（笨蛋），我以為你們是一起的，我才覺得那個女孩應該沒有危險！」

我們都覺得日本女孩傻不隆咚的，這對老少男女組合很詭異，真的沒問題嗎？

　　兩天後，日本背包客半夜一把將我推醒，她說收到日本女孩傳來LINE的訊息，說自己正坐在床上哭，叫我們明天早上去一家百貨公司接她。

　　我腦海中跑馬燈似的，出現無數的OS——

　　「這一定是強行求歡未遂。」心中第一個念頭浮現。

　　「這不是緊急救援嗎？竟然還有空約時間跟地點去救她……」我很疑惑。

　　「會不會要進警局處理呀？」但事情似乎還不確定到了必須報警的地步。

　　第二天到了現場，我整個人傻眼，只見女孩正在拍打那位叫Theo的荷蘭男人。女孩不斷失控地喊著「fuck you」，不但用手推，還用雪球砸他，一邊喊著「no fun no fun」。（這是so funny的變形？果然人在情急之下，英文會進步！）

　　我們只好把兩位帶開。但這時已經感覺到，應該不是什麼犯罪事件，Theo的表情看起來有點無辜。

　　我負責跟Theo聊，他的身分很不簡單，竟然是某個知名旅遊網站的創辦人兼作家，里加是他當年創業發跡的地方。

　　原來，他喜歡這個日本女孩，所以邀請她來旅遊。女孩只要付機票費，由他負擔旅途中所有花費。他試圖跟女孩說，自己有豐富知識可以一路上講解當地的人文歷史，但女孩聽不懂英文，很可惜。Theo還曾經提議付錢讓她先在日本補習英文，但她都跑去喝酒玩樂（其實女孩的職業是讓我驚訝的キャバクラ嬢，喝酒算是籌旅費）。

　　他試圖跟女孩表達，自己要一邊旅行一邊工作，所以不能時時陪著她，但女孩聽不懂英文，這就是糾結所在了。

　　我跟另一位日本背包客交叉比對了一下談話內容，女孩的說法是——

　　「八格野鹿（王八蛋），老娘辛苦打工存機票錢、請假來歐洲，以為可以大玩特玩，結果人生地不熟的，你還常常搞消失！」（因為女孩聽不懂Theo是去工作，造成誤會一場。）

　　Theo本來今天要帶領女孩導覽里加老城區的人文歷史，既然女孩情緒未平復，他這個人又超有熱誠的，結果就是改為充當我的專屬私人導遊。後來我查到，他的一套導覽行程要價四百五十歐元。

　　臨走前，我建議Theo：「你可以用Google翻譯跟她溝通。」幾週後，Theo傳訊息跟我說謝謝，因為他們後來用Google翻譯談戀愛，效果很不錯。幾個月後，我看到日本女孩在臉書上PO文，整篇都是英文，真是太棒了。

里加行程規劃建議

1. 短天數玩法

● **第一天**：從自由紀念碑到市政廳廣場之間的老城區步行遊覽，面積不到一平方公里，沒有非參觀不可的博物館等室內景點，所以時間很充裕，步調可以放慢一點。中午跟晚餐可以享受美味的大餐，走路累了，也可以坐下來嚐嚐黑魔法藥酒，調劑一下身心。

重頭戲是晚上，不管你喜不喜歡夜生活，參加hostel的Pub Crawl吧！我不是夜店咖，但在歐洲參加Pub Crawl也玩得很開心。

里加晚上的街道真的很漂亮，Pub Crawl大部分不是什麼熱舞、酗酒、獵豔的場合，而是在有特色或充滿藝術裝飾的酒吧，可以跟同團的外國人小酌、聊天，很愜意。

● **第二天**：不妨選擇兩個比較需要花時間遊覽的地方，例如里加中央市場、里加藝術博物館、拉脫維亞國家圖書館。

2. 長天數玩法

走完短天數行程後，去里加運河遊船（Canal Boat Tour）跟里加動物園（Riga Zoo），是不錯的體驗。另外，如果你還沒去過立陶宛的十字架山（Hill of Crosses），可以從里加一天來回。

推薦景點

里加（Riga）是波羅的海三小國中最商業化的城市，在十九世紀俄羅斯帝國中名列第四大城，僅次於莫斯科、聖彼得堡跟華沙這三個響噹噹的城市，由此可知它的繁榮。

波羅的海三小國的特色是保留了原汁原味的中古世紀遺產（西歐很多國家的古蹟都是大戰炸毀修復的），所以三國首都皆被登錄世界遺產。但不同的是，里加除了古蹟之外，還因為城市有眾多「新藝術建築」而入選。

這趟里加之旅我可是有旅遊網站創辦人兼作家帶路，首先Theo帶我進入一座有現代化玻璃帷幕的百貨公司，他說開始認識里加前，一

定要先了解古城的原貌，接下來的解說才更有意義。接著他指著百貨公司牆上掛的一幅畫，是一幅非常有特色的古城俯瞰設計圖。原來古城本有像星芒狀的漂亮城牆，城牆外有護城河，城內還有運河，城市規劃井然有序，其中南邊的城牆緊鄰河岸，可以直接對外貿易往來。

　　Theo帶領我看這張圖的原因，是這些美麗的城牆幾乎都已經消失了，不像塔林最有名的城牆及塔樓，保存得相當完整。

　　里加整個城市的一磚一瓦都可能是古蹟，沒有名列在旅遊書上，也很難知其所以然，幸好我有Theo娓娓道來每棟房屋背後的故事。他告訴我，很多時候歐洲人把新建築直接加蓋在舊建築上，所以屋子是新的，下半截卻是古蹟。他指向一截狀似斷掉沒有接到地面的樓梯說，這樓梯是隱藏在別人家的庭院內沒有開放的，是一位富紳為了愛騎馬的女兒所設計的樓梯，平常把馬拴在下方，從門口出來時，就可以直接騎上馬。

● 里加市運河（Rīga Kanāls）

　　看著Theo指著畫上的星芒城牆，但十九世紀末期，城牆已隨著城市的發展拆除，拆除後的區域就像一條帶狀空地一樣，其中一部分引入道加瓦河（Daugava）的河水，改建為里加市運河，圍繞著部分城區，變成今日可以搭船遊覽觀光的河道。

👍 開放時間：二十四小時。
👍 門票：免費。

● 瑞典門（Zviedru vārti）

城牆拆了，城門當然也不復存在。原本里加有二十幾座城門，建於一九六八年的瑞典城門已是僅存的一座（一六二一～一七一一年間，里加被瑞典統治），包含一小段城牆。

關於瑞典門有很多恐怖傳說，Theo說了其中一個：有位里加女孩愛上了不該愛的瑞典士兵，人們為了將這對情侶永遠拆散，就將他們一左一右地「砌」進瑞典門兩側，他們只能隔著石牆呼喊至死，聽了讓人不寒而慄。

👍 開放時間：二十四小時。

👍 門票：免費（參觀外觀）。

● 聖彼得教堂（St. Peter's Church）

接著我們走到一二○九年建成的聖彼得教堂，教堂壯碩的基座建築搭配尖塔，看起來非常有分量，第一眼就覺得應該是主教堂等級。

Theo指著塔尖問我：「你有沒有發現，有什麼地方不一樣？」原來塔尖不是十字架，而是一隻風信雞。在基督教的傳說中，公雞能夠避邪，早上第一聲公雞鳴叫可以驅走邪惡，所以古城中很多教堂都將風信雞放在塔頂尖端。風信雞還有一個作用，因為里加城是一個港口，它可以辨別風向。

👍 開放時間：五月～八月週二～週日10：00-19：00；
　　　　 九月～四月週二～週 日10：00-18：00。

👍 門票：成人9歐、學生7歐。

● 布萊梅樂隊寓言像（Town Musicians of Bremen）

聖彼得教堂旁聚集著一群人，似乎比走進教堂的人潮還熱絡。Theo把我們帶到一座銅像前，最下面是一隻驢子，然後向上依序疊了狗、貓跟公雞。這是《格林童話》中的布萊梅樂隊，講述四隻動物對抗強盜的故事，代表弱者分工合作也可以戰勝強者，至於會聚集那麼多人是因為傳說摸過牠們會帶來好運。

👍 開放時間：二十四小時。

👍 門票：免費（參觀外觀）。

● **火藥塔（Puvertornis）**

它是碩果僅存的防禦塔樓，牆的厚度達三公尺，因為曾經存放火藥得名，目前是一座可以免費參觀的戰爭博物館。

👍 開放時間：10：00-17：00。
👍 門票：免費。

● **大基爾特之屋（Large Guild）、**
 小基爾特之屋（Small Guild）、
 貓之屋（Kaķu Nams）

走到里維廣場（Livi Laukums），面向廣場西北方，Theo一直叫我後退一點，再後退一點，退到視線可以一次看到這三棟建築為止，因為大基爾特之屋、小基爾特之屋跟貓之屋必須一起介紹。

大基爾特是德國富商組成的公會，在一三三〇年就已組成，十九世紀時打造了這座新哥德式建築。小基爾特是比較小咖的公會，主要由工匠組成。貓之屋則是由一位富商獨立建造，因為大基爾特拒絕他加入，他一怒之下，在附近蓋了這棟建築，然後放在屋頂的黑貓用「菊花」對著大基爾特，這在當時是十分羞辱的象徵。

👍 開放時間：二十四小時。
👍 門票：免費（參觀外觀）。

● 里加市政廳與市政廳廣場 (Riga Town Hall & Hall Square)

　　市政廳門口有個特殊的擺設，叫做「里加之鑰」。為了慶祝里加建城八百一十週年，官方收集了家家戶戶的鑰匙，融化成一把超大的鑰匙，總共有五萬兩千七百六十三把鑰匙，也太逗趣了。

　　跟歐洲很多有名的廣場一樣，廣場本身沒什麼看頭，但緊鄰著許多景點，像是拉脫維亞紅色步兵、羅蘭雕像、拉脫維亞占領博物館，以及用八種語言寫著「一五一〇年第一棵聖誕樹在里加」的牌子，里加人認為這裡是聖誕樹的發源地。

👍 開放時間：二十四小時。

👍 門票：免費（參觀外觀）。

● 黑頭宮 （Melngalvju nams）

在市政廳廣場一眼看過去，最突出的建築物是黑頭宮，不管是它的大膽色彩、形狀跟浮雕都讓人無法忽略，尤其是門邊那位黑人武士摩里西斯浮雕，十分引人注目。此處建立於一三三四年，在十七世紀黑人頭兄弟會接手後才改名為黑頭宮。黑人頭兄弟會是青年商人們的公會，在愛沙尼亞跟拉脫維亞一帶旅行時不難遇到，商會的建築能在老城區保留一席之地，是在波羅的海旅行時感到新鮮的地方。

很多中文資料上都寫黑人頭兄弟會信奉一位黑人守護神，這跟Theo說的不同，他說當初有很多武士守護兄弟會，其中一位是黑人，黑人的地位並沒有比其他武士特殊，但因為外表比較特別，久而久之，在眾人流傳之下，就變成了代表。

👉 開放時間：週二～週日11：00-18：00。
👉 門票：成人6歐、學生3歐。

● 拉脫維亞國家圖書館 （Nation Library of Latvia）

在市政廳廣場上，Theo指著一直延伸到對岸的Stone Bridge說，俄羅斯人都住在對岸。橋的對面，俄羅斯人區域看起來非常平淡，所有的歷史人文風景都在里加人這一區，唯一有棟非常搶眼的建築，就是拉脫維亞國家圖書館。它於二〇一四年開幕，猶如大山般的造型，覆蓋大面積的玻璃，有「光之堡」之稱，Theo沒時間

帶我們過去，但在他大力推薦下，我自行前往。除了外觀特殊以外，在圖書館中最搶眼的是內部數層樓高的書牆，我一直仰頭看不夠，再仰一點、再一點，然後一屁股跌坐在地上，心裡忍不住驚呼真的好厲害呀！

說到俄羅斯區就不得不提起兩國恩怨，搭巴士到達里加時，我在豪華巴士上用個人螢幕觀看諾蘭導演、馬修‧麥康納與安‧海瑟薇主演的電影《星際效應》，想到中國跟前蘇共領地頗有淵源，就想找找看是否有簡體中文字幕。結果，出現更難的俄文字幕。

看到俄文有點一頭霧水，毫無疑問地，

拉脫維亞人有充分理由厭惡俄國人,但從俄文字幕選項可知俄國人經常往返這個國家。後來,我才知道里加有七十萬人口(這個數字占全國人口的三分之一),但是里加總人口中有四成是俄國人,當地人僅占四成六。原因是在俄羅斯入侵占領時期,整個拉脫維亞人口減少了三分之一,不難想像這些人怎麼「被消失」的,而這些消失人口則由俄國人補上。由於工作與商業的連結緊密,拉脫維亞獨立後,俄羅斯人也沒有離開,里加人就這樣跟他們所厭惡的外來者一起生活,直到現在,他們跟俄羅斯人之間仍然涇渭分明,連居住的地點都不會在一起。

👍 開放時間:九月~六月週一~週五09:00-20:00,週六~週日10:00-17:00;七月~八月週二、週四09:00-17:00,週三、週五12:00-20:00,週六10:00-17:00。

👍 門票:免費。

私房美食

● Black Magic：販賣強身藥酒的咖啡店

　　Black Magic的地點很方便，就位在老城區中央，所以Theo導覽時也順便帶我們到此，介紹店內販售的Black Balsam。它是拉脫維亞傳說中可以治百病的藥酒，不管是外觀跟產品故事都很有特色，很適合當作伴手禮，現場喝可加入調酒或飲料。

　　我一口喝下後，發現味道很熟悉，就像中藥湯一樣。雖然喝完沒有什麼神奇的效果，不過，酒中的材料畢竟有藥性，生病時喝下它多少還是有一些舒緩的作用吧。

　　這家店最令我印象深刻的是，當店主知道我是台灣人，瞪大眼睛地說：「台灣的威士忌fucking good，你知道嗎？」

　　我當然不知道，甚至一直覺得他認錯國家了，直到他準確說出噶瑪蘭的（Kavalan）發音。從一個拉脫維亞人口中聽到台灣原住民的辭彙，實在太詭異了。

　　老闆剛從一個酒展回來，我一直以為台灣酒商說自己得到評鑑冠軍，應該只是行銷手法，原來金車的威士忌得到了貨真價實的大獎，可喜可賀。

👍 營業時間：10：00-22：00。
👍 電話：＋371-67-222-877。
👍 地址：Kaļķu iela 10, Centra rajons, Rīga。
👍 www.blackmagic.lv/en。

● **Folkklubs Ala Pagrabs：氣氛滿點的餐廳**

　　走進這間販賣拉脫維亞菜的餐廳，迎面是一股歡樂的氣息，食物好不好吃、氣氛輕不輕鬆，我相信從室內不斷傳出的笑聲跟客人的滿嘴油都可以明顯看出來。

　　拉脫維亞是個豪邁的肉食國家，這家店的「一公斤烤豬膝」超級好吃，巨大豬膝用蜂蜜芥末封住，在爐內烤一個半小時，出來的膠質好黏好Q，再配上傳統黑麥麵包，完美中和口感。唯一的缺點就是豬腳太大隻了，一個人無法享用，以至於後面幾天每次在hostel認識新的旅人，就會問他們：「要不要跟我分食豬腳呢？」

　　除了食物有地方代表性又美味，這個啤酒屋的地窖建築跟裝飾都很有風格，走進地下室曲曲折折的空間，有種置身秘密基地的感覺。

👍 營業時間：每天營業時間都不同，大致上從中午開到隔天清晨。

👍 美味推薦：一公斤烤豬膝（1kg Pork Hock）。

👍 消費水準：中低價位，菜色非常超值。

👍 電話：＋371-27-796-914。

👍 地址：Peldu iela 19, Centra rajons, Rīga。

👍 www.folkklubs.lv/en。

● Sefpavars Vilhelms：內行人才知道的果醬餡餅店

　　這間店既秘密又珍貴，是Theo的最愛。他告訴我只有當地人才會知道，其實看價格就能證明，幾乎所有的菜色都不到一歐，這絕對不是賣給一般觀光客的價格。

　　在吧台可以自行取用各種有甜有鹹的餡餅及煎餅，有一堆果醬或奶油可以搭配。

　　在旅行中能發現未知又超好吃的食物，實在太幸運了！

👍 營業時間：09：00-21：00。

👍 美味推薦：請盡量品嚐各式餡餅。

👍 消費水準：超低價位。

👍 電話：＋371-67-228-214。

👍 地址：Shkunu iela 6, Riga 1050。

● Lido Vērmanītis：百吃不膩的多樣化美食

　　對背包客來說，這是一間完美的餐廳，hostel的staff二話不說，立刻向我推薦這裡！它的特色是食物種類多，而且十分美味；餐點都是個人分量，就算一人旅行也可點多樣；可以親眼見到食物製作過程及標價，直接指著點菜，不用擔心看不懂菜單；此外價錢也很親民，餐點卻很有質感，營業到深夜。連我不喜歡這家店的工作人員還是忍不住推薦（因為第一次去就被廚師粗魯地對待），連續去了四次，可見它真的很不錯（笑）。

👍 營業時間：每天09：00-隔天04：00。
👍 美味推薦：鮭魚布丁（salmon pudding）。
👍 消費水準：低價位。
👍 電話：＋371-28-661-642。
👍 地址：Elizabetes iela 65 | Vermanitis, Riga。
👍 www.lido.lv/en/contacts/lido-vermanitis。

● **里加中央市場（Riga Central Market）：十萬人聚集的美食大本營**

　　中央市場雖然緊鄰里加的老城區，卻像是不同的世界。從老城區步行十五分鐘穿過鐵道後，過了馬路，眼前出現了一座五座圓拱形的建築物，那竟然是市場，而且周圍的房屋好像都突然矮了半截似的，襯托出這個一九三〇年改建完畢、一九九七年名列世界文化遺產的巨大建築。最顯眼的五個圓弧巨大屋頂正是取用自德國「齊柏林飛船」的停機棚。

　　里加中央市場位在巴士站、鐵路及河道交錯的樞紐，五個機棚就是五個專區，依序是肉類、蔬果、海鮮、乳製品跟美食區，在建築之間有充滿活力的露天市集，另外還有成衣、花市等攤位。

　　這個占地面積七萬兩千三百平方公尺，約十個足球場大的市場，擠滿了三千個攤位，是歐洲最大的菜市場，每天有八到十萬人在此購物。雖然人潮很多，室內空間逛起來卻非常舒適，貨品陳列整齊又華麗，有很多新鮮有趣的食材。

　　拉脫維亞的飲食文化受到德國、波蘭、瑞典、俄羅斯多國的影響，食物琳琅滿目。走進市場，燻魚絕對是最搶眼的，看起來油脂豐厚，被廚師用樺木或楓木煙燻出金黃漸層的顏色。雖然隔著玻璃櫃，還是可以聞到燻魚、燻雞、燻肉的香味，好羨慕里加的主婦每天都可以買到這些美味食材。

　　在蔬果區，有各種醃漬蔬菜提供試吃。在乳製品區看到各種令人眼花撩亂的乳酪產品，由於缺乏背景知識，一時之間也無從嘗試起。此時，美食區的作用就來了，燻魚、燻雞、燻肉、醃菜、乳酪都用小盤盛裝，或做成類似西班牙TAPAS，最棒的是熟食都是事先做好的，可以指著食物點菜。平常進餐廳只能吃得到某一類料理，但在市場中能吃到當地料理的總匯，可說是一網打盡。

☞ 營業時間：每天07：00-18：00，
　　週日到17：00，攤販打烊時間不一。

☞ 美味推薦：燻魚、燻雞、燻肉，所
　　有煙燻製品。

☞ 電話：+371-67-229-985。

☞ 地址：Nēģu iela 7, Latgales
　　priekšpilsēta, Rīga。

● The Armoury Bar：夜店旅行團好去處

　　某個週末，hostel staff帶我們去見識里加知名的夜生活，並用Pub Crawl（夜店旅行團）的方式，連我這個平常去夜店會全身僵硬的人也感到非常自在，一個晚上就去了五、六攤。為了維持Pub Crawl的名聲，這些酒吧都非常有哏，例如廢墟改造後的酒吧，光是當作參觀都很有趣。

　　帶頭的這位staff叫Tom，據說是里加的「人體夜店地圖」跟「人臉入場券」。前面幾攤都是輕鬆的酒吧，最後他帶我們到了一家到處都是軍械的The Armoury Bar，是家可以觸摸、把玩槍枝的酒吧，不只是手槍、步槍這種意思一下而已，裡面有重型機槍、火箭砲，還有好喝的蜂蜜啤酒。

　　歐洲男孩們沒當過兵，很快就陷入擁槍的雀躍之中，原本冷靜的我，看見了一把槍「65K2」，也開始激動起來（這可能只有三十歲以上的台灣男人才懂）。遠在拉脫維亞的老闆竟然收藏了一支美軍M16（65K2），還問我懂不懂槍，我說「All men in Taiwan was equiped this gun for one year」，談笑之間就把槍給分解了，讓老闆露出了崇拜的表情。

　　他不知道國軍最強的技能就是擦槍，數百次的擦槍訓練，才成就我的拆槍技能。在裝回去的動作中，最難的就是裝回槍機，「拉柄只能入三分之一，跟槍機一起推進去，此時槍機前端要拉出回正，並掌握微妙的角度……」問題是，我是十年前當的兵，此時發現早已忘了怎麼裝回去，而老闆自己也不知道。

　　還好，我轉頭對著店裡的男孩們說：「Hey man，拆成這樣很酷喔，你們想試試裝回去嗎？」那些男孩們眼睛一亮，爭先把槍托走，開始研究起來，化解了我的尷尬。

　　各家hostel都會提供Pub Crawl服務，收費很低，有夜店行家帶領，一個晚上逛四到六間夜店酒吧，並提供少量免費飲酒（pre drink跟first drink），額外開喝的話要自己付費。

　　上半夜通常都是喝酒聊天跟pre-drink，下半夜才會去音樂比較大聲、舞池變大、失態的

人變多的地方。通常下半場都是晚上十一到十二點後開始，但街上一樣是人潮洶湧，真的是越夜越美麗。

👉 營業時間：14：00-隔天02：00，週末到隔天04：00。
👉 美味推薦：蜂蜜啤酒。
👉 消費水準：中低價位。
👉 電話：＋371-20-538-153。
👉 地址：Corner of Vecpilsētas iela and Alksnāja iela, Riga 1050。
👉 www.facebook.com/TheArmouryBar。

超值住宿

● Cinnamon Sally Backpackers Hostel

　　我很愛在一個城市換住宿，各處評鑑，但這間hostel實在讓我住了就不想換，為了多住幾天還延長在里加的天數呢。

　　這間hostel很特別，不到晚餐時間，住客們就會紛紛趕回來，一起聚在大廳裡吃吃喝喝，玩各種遊戲。

　　背包客明明都是擦身而過的過客，hostel又不能篩選客人，為什麼大家的感情這麼好？其實hostel的靈魂是staff，串起了這些來來去去的背包客們。

　　Cinnamon Sally Backpackers Hostel有很真誠的staff們，加上我們這十幾個從世界各地而

來的背包客，住宿期間重疊（連續住一週以上），所以有機會變成好朋友，就像是長期住在學校宿舍的國際學生一樣。因為感情融洽，後來住進來的背包客，還以為我們本來就認識，一起來旅行的呢。

獨自在外旅行，不免經常會被外國人問到兩岸問題，有的人認真詢問，有的人只是隨口問問，所以我也有很多版本可以回答。Cinnamon Sally有位女老闆，她很真心地想了解客人的國家，是第一個人讓我必須從「元朝設台灣巡檢司」開始解釋的人，我們還談論到中國到底有沒有繼承元朝、清朝的大統問題，這真是我人生中使用英文的巔峰了（笑）。

我在這間hostel住了十天，在staff用心經營的氣氛下，每天都會發生有趣的事情，晚上也常常會有活動，像是電影放映會（附爆米花）。有位在hostel打工寄宿的波蘭女孩，當大家在玩遊戲時，她突然在一旁揉起麵糰來，沒多久竟然烤出一盤具職業水準的蘋果派來給大家分享。

我也開始去菜市場買菜回來煮台式麻油雞，一位法國背包客聞香而來：「這是什麼料理？我是法國人，聞得出來這道菜很厲害！」

當我正為自己做的台灣料理感到驕傲時，女老闆突然大喊：「誰的膠原蛋白粉忘了收？」我本來想裝傻的，但罐子上的繁體中文字洩漏了我的身分，只好恥度全開地舉起手，承認我是一位會帶著膠原蛋白粉旅行的男性背包客。

● 交誼空間：★★★★★，各種慵懶的角落組合而成的溫暖hostel，還有家人般氛圍，乾淨到可以在地上打滾了。

● 廚房設施：★★★★★，流理台就在客廳中，煮菜比較不寂寞，隨時都可和他人分享食物。

● 床位舒適度：★★★★★，床舖跟地板都乾淨，有各自的插頭及安全櫃，床位之間距離也比一般hostel寬。

👍 電話：＋371-22-042-280。

👍 地址：Merķeļa iela 1, Centra rajons, Rīga。

👍 www.cinnamonsally.com。

維爾紐斯 －看得到蘇聯舊時代痕跡的城市－

　　立陶宛是波羅的海三小國中唯一曾出現過強權的地方。在蒙古人西征的年代，「立陶宛大公國」是整個歐洲東半部唯一可以對抗蒙古欽察汗國的力量，最後兩個首都是特拉凱跟維爾紐斯。現在立陶宛首都維爾紐斯是一個有六十萬人口的城市，整個老城區在一九四四年就被列入世界文化遺產。

　　除了立陶宛大公國，影響首都維爾紐斯甚鉅的莫過於俄國數度入侵，它也曾是立陶宛蘇維埃社會主義共和國的首府，街道上仍處處充滿著蘇聯舊時代的痕跡。

維爾紐斯行程規劃建議

1. 第一天

　　早上從巴士站下車，可先到附近的黎民之門及維爾紐斯的中央市場（Halle Market），這個市場規模不大，但好在沒有觀光客氣息。黎民之門跟Halle Market在城市偏南邊，距離老城區其他景點有點距離（約一點五公里），所以先順路參觀。

　　穿過黎民之門，沿著最具宗教氣氛的街道奧許洛斯瓦圖街（Ausros Vartu Gatve）往北走，可以到老城區內住宿地點，先寄放行李。剩下大半天時間，應該足以走遍老城區的大多數景點，包含維爾紐斯大教堂、教堂廣場、鐘樓、立陶宛大公宮殿、維爾紐斯大學圖書館、聖安妮教堂格、季米納斯城堡及塔樓等。

2. 第二天

　　KGB博物館、對岸共和國及三十字架山都是需要較花時間遊覽的地方，也沒有跟第一天的景點集中在同一區，所以排隔天前往。先去KGB博物館，中午到對岸共和國的Šnekutis餐廳用餐，吃完飯後到共和國內閒晃到黃昏，再到接鄰的十字架山上欣賞日落跟市景。

推薦景點

1.老城區

　　主要景點都集中在老城區，雖然是波羅的海三小國中較大的老城區，但步行仍然是最佳的方式。

● 維爾紐斯大教堂（Vilnius Cathedral Basilica）

維爾紐斯大教堂是維爾紐斯老城區的中心，除了是城市的中心，也可作為規劃行程的座標。

這座大教堂是立陶宛最重要的宗教場所，彌撒的層級跟場面都是全國最高，據說不對外開放，但我無意間闖入教堂，參加了彌撒儀式。看到巨大長方形的禮堂設計，讓人不自覺地陷入莊嚴的氣氛之中，即使我本身沒有任何宗教信仰，和禮堂中的立陶宛民眾站在一起，還是能感受到內心的平靜。

👍 開放時間：07：00-19：00。

👍 彌撒時間：大教堂—平日17：30，週日 08：00、09：00、10：00、11：15、12：30、17：30、18：30。聖卡西米爾禮拜堂—平日08：00、18：30。

👍 門票：免費。

● 大教堂廣場與鐘樓（Cathedral Square & the Bell Tower）

這裡的大教堂廣場與鐘樓，跟前面的大教堂，都是維爾紐斯老城區的核心。

廣場當然是免費進出，但鐘樓入場門票卻要四點五歐，一個只能直上直下又不算宏偉的高塔，竟然比立陶宛大公宮殿還貴！但考量到這是附近唯一的制高點，我仍然買了門票，一探究竟。

首先，高塔是欣賞對面維爾紐斯大教堂很棒的角度。第二，鐘樓雖然外面是石牆，但塔頂內部卻是粗壯古樸的高聳木結構，彷彿有個歌劇魅影的怪人，隨時會拉根繩子盪下來。從下往上望很是壯觀，從下往上爬則令人腿軟。

波羅的海三小國有一個無人不知的重要事件，一九八九年三國人民牽手形成一條不間斷的人鍊，抗議蘇共的侵略。在立陶宛大教堂廣場有一塊地磚就是這條人鍊的起點，大約在鐘樓跟大教堂之間，地磚上寫著「Stebuklas」（立陶宛文是「奇蹟」的意思）。

👍 開放時間：鐘樓五月～九月週一～週六10：00-19：00；十月～四月週一～週六10：00-18：00；廣場二十四小時。

👍 門票：鐘樓成人4.5歐、學生2.5歐。

👍 廣場：免費。

● 立陶宛大公宮殿 (Palace of the Grand Dukes of Lithuania)

　　波羅的海三小國中少數曾出現的強權「立陶宛大公國」，當時曾以維爾紐斯作為首都，所以立陶宛大公宮殿也在此，離大教堂距離很近。

　　這座宮殿目前已轉型成立陶宛歷史博物館，由於台灣人對立陶宛的歷史了解管道不多，而且維爾紐斯有資訊文物展示的景點沒有太多選擇，所以對歷史有興趣的旅人有機會造訪這裡的話，可以考慮購票進去參觀。

👍 開放時間：週二、三、五10：00-18：00，週四10：00-20：00，週日10：00-16：00。
👍 門票：成人3歐、學生1歐。

● 聖安妮教堂 (St. Anne's Church)

　　抵達維爾紐斯的清晨，我拖著坐夜車趕路後的疲倦身軀，以及看太多教堂的倦怠感，走進冰雪中磚紅色的聖安妮教堂，身心的疲憊頓時一掃而空。

　　歐洲大部分有名的古蹟都很金碧輝煌，但聖安妮教堂則是走清新路線，外部是俐落的紅磚，內部有很多木雕，雕刻紋路精美，讓人驚豔。維爾紐斯是座巴洛克風格城市，多數教堂都用大理石來展現，精緻中帶有藏不住的炫富感，但聖安妮教堂僅僅是用紅磚跟木頭打造，傳達出一種沒有昂貴石材也能呈現的精緻感。

　　最初的教堂在一四一九年被摧毀過一次，現在看到的紅磚教堂是在一五〇〇年左右重建的。我聽過一個傳說，當拿破崙在歐洲四處征伐時，到了立陶宛，發現這座教堂小巧可愛，而說出「想要放在掌心帶回巴黎」的話，實在很貼切。

👍 開放時間：五月～九月週二～週六10：30-18：30，
　　週日8：00-19：00；十月～四月週二～週五16：30-18：30，
　　週六10：30-18：30，週日8：00-17：00。

👍 門票：免費。

● 市政廳廣場 (Town Hall Square)

　　市政廳廣場是遊客中心、傳統商店跟紀念品店的聚集地，跟歐洲很多廣場一樣，周邊有許多餐廳跟咖啡廳，各種活動跟展覽也不定期地在此舉行。

　　這裡雖然不是必訪景點，但喜歡參與維爾紐斯市民生活，又不想在巷弄中穿梭的人，不妨來此感受一下庶民風情。

👍 開放時間：二十四小時。

👍 門票：免費。

● 三十字架（Three Crosses）

　　雖然這是一個知名景點，但是僅有三支十字架在一個山頂上，我原本想要跳過，但在維爾紐斯的最後一天，實在是無所事事，沙發主就推薦我一定要前來，尤其是在黃昏時刻。我最受不了當地人私房推薦，於是決定在冰天雪地之中爬這座小山。

　　扣除我在結成硬冰的河岸小坡行走，數度差點像溜滑梯般掉進涅里斯河裡外，這段路程還算滿愜意的。最後我終於爬上了黃昏的山頂，眼前三（個）十字架雕像，不出所料，就是一個很普通的地標物。它對立陶宛人來說有重要的宗教意義，但在缺乏導覽的情況下，就比較難感受了。不過藉著拜訪十字架地標，眺望維爾紐斯的景色，讓人感到心曠神怡。

　　維爾紐斯的空氣品質良好，也沒有太多高樓，所以在山頂俯瞰市區跟天空，會因為視野太好、地平線太過遼闊，這條線一直延伸、微微彎曲消失在盡頭，而感覺到「地球是圓的」。

　　我在這片景色前駐足許久，感受最後一刻浪漫。因為下一刻，天快要黑了，一路上只有微弱的路燈，路面上還結冰，我得再次冒著滾下涅里斯河的風險，連滾帶爬地回到平地。

👍 開放時間：二十四小時，請避免晚上前往。
👍 門票：免費。

● 黎明之門（The Gate of Dawn）

　　許多提到維爾紐斯景點的書籍都將黎民之門跟穿過這道門的Ausros Vartu老街，列為必看重點。多數的旅客搭乘巴士一定會在中央車站下車，從車站往北向老城區前進時，就會經過黎明之門跟Ausros Vartu老街，離車站大約十分鐘，步行可達。

　　黎明之門的重要性在於它是維爾紐斯老城僅存的城門，門後是一條宗教氣氛濃厚的街道，教堂、禱告室跟宗教象徵物林立，完整呈現了百年來的歷史。但對宗教不是特別有研究或具背景知識的人來說，這可能只是一條氣氛頗佳的歷史街道，黎明門本身也不算壯觀。城門二樓有一個小教堂，可以在彌撒時間感受一下宗教的莊嚴儀式。從城外面對城牆的側邊上去，這個入口像是秘密通道，稍不注意的話，很容易就會錯過。

👍 開放時間：二十四小時；城門上小教堂週二～週六07：00-18：00，週日07：00-16：00

👍 門票：免費（參觀外觀跟小教堂）。

● KGB博物館（KGB Museum／Museum of Genocide Victims）

　　看過西洋電影的人應該都知道KGB（Komitet gosudarstvennoy bezopasnosti，蘇聯的特務機構），你能想像這個恐怖的組織，就蓋在人來人往的市中心、美輪美奐的大樓中嗎？是不是很不真實？

　　立陶宛首都清爽可愛的市區，就突兀地出現這棟原是KGB特工基地的博物館。裡面有特工的裝備、設施、辦公室、拘留室、鋪滿軟墊讓被拘禁者無法自殺的禁閉室，不用任何解釋，過去的種種一目了然，也令人不寒而慄。

👍 開放時間：週三～週六10：00-18：00，週日10：00-17：00。

👍 門票：成人4歐、學生1歐。

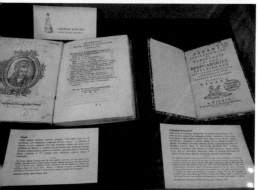

● Vilnius University大學圖書館

　　翻閱旅遊書資訊，維爾紐斯似乎沒有令人驚豔之處，我改用英文關鍵字隨意在IG上搜尋，結果看到一張照片裡的廳堂，像是古代學士研讀的地方，氣勢磅礡又典雅。於是我追蹤著這張照片裡的線索來到維爾紐斯大學（Vilnius University）圖書館，想看看這個中古世紀的校園藏有什麼秘密。

　　在校園穿梭一陣子，終於找到入口，頓時傻眼！門口有個電動閘門管制（畢竟這是個學生圖書館，並不是公眾的旅遊景點），於是，我拿出五年前的義大利學生證，嘗試著跟館員說自己也曾經是歐盟的學生，但當然是行不通。最後，館員給了我一個提議，申請了一張圖書館閱覽證。

　　進入圖書館後，我終於找到了IG上的畫面——Hall of Franciszek Smuglewicz，古老的書架包圍著大長桌，可以想像上個世紀那些有學問的學士們圍坐著在長桌前高談闊論的畫面。相較於現代圖書館的書架上盡可能排滿了書本，這裡的書則是被少量慎重地收藏著。可惜的是，偌大的空間裡只有一位學生，還是在打電腦。

2. 老城區外圍

● 對岸共和國（Uzupis）

　　在維爾紐斯舊城區裡有一個國中之國，叫做「對岸共和國」。它在一九九七年四月一日自行宣布獨立，還煞有其事地公布了自己的國旗、總統跟搞怪的憲法，例如憲法第十六條是「每個人都有權快樂」，也有自己的國歌跟一支十二人的軍隊。入境的方式很簡單，就是走到維爾紐斯的Vilnia河邊，看到一塊牌子寫著告示，然後過橋就到了，是個充滿藝術家跟頹廢建築的浪漫區域。

👍 開放時間：二十四小時。
👍 門票：免費。

● 聖彼得及聖保羅教堂（St. Peter and St. Paul's Church）

　　維爾紐斯有二十幾座巴洛克式教堂，為何我唯獨介紹這座教堂呢？因為它是這些教堂中最美麗的建築。有趣的是教堂內有一座投幣照明，在光線照射下極為美麗，營造出與教堂融為一體的和諧感。

👍 開放時間：週六～週四08：30-18：00，週五08：30-20：00；彌撒為週六8：00、9：00、18：00，
　　週日8：00、9：00、10：30、12：00、13：30、18：00。
👍 門票：免費。

● 格季米納斯城堡及塔樓（Gediminas Castle and Castle Tower）

　　它包含兵工廠、要塞堡壘及塔樓，跟立陶宛大公宮殿一樣，是維爾紐斯少數有歷史資料跟館藏的景點，適合想更深入了解立陶宛的旅人。除了複合型建築，還包含一個小型博物館（Upper Castle Meseum），印象最深刻的是裡面有建築與地形模型，清楚展示從十四到十七世紀的城堡演變，在眾多逛街、逛教堂、看建築的觀光行程中，算是不錯的調劑。

👍 開放時間：四月～九月10：00-21：00；十月～三月10：00-18：00。
👍 門票：成人5歐、學生2歐。

3. 立陶宛推薦景點（首都之外）

● 特拉凱水上城堡（Trakai Castle）

　　這應該是波羅的海三小國中最常出現在風景明信片的經典城堡，在夏、冬季各有不同的風情。夏天時花花綠綠的景象像極了童話世界，讓人有城堡浮在湖面上的錯覺；冬天時則有如冰冷的巨人，在暗黑冰湖裡鎮守著邊界。

　　從維爾紐斯車站出發，五十分鐘的巴士車程就能抵達特拉凱車站。下車後，還要經過大約三十分鐘步行，再穿過一個可愛的橋頭，才會抵達座落湖中的小島。抵達特拉凱水上城堡之前，我大概已經看了快兩百天的歐洲城堡，再多的激情都退散了。走在茫茫大雪中，看著這一島一城堡，遠看就像是城堡浮在水上，只能夠用「奇幻」兩字來形容，像是迪士尼才有的場景，讓我彷彿回到第一次到歐洲時看到城堡時的悸動。

　　特拉凱水上城堡所在的Galve湖區是冰河時期留下來的湖泊群，大大小小的湖泊總共有三十二個，湖岸蜿蜒且層次豐富，小島、山丘跟森林都巧妙地座落在這片美麗的湖區當中。

　　特拉凱城堡曾是立陶宛大公國的首都，在歷史上占有重要的地位。自十三世紀開始，經歷幾次擴建後，成為現在的樣貌。此外，穿過童話般的外觀，你會發現一個殘酷的事實：城堡內就是一個軍事要塞。城牆有二點五公尺高，裡面有用來射箭與防禦的垛子，防禦塔可以架設大砲或作為監獄之用，處處也可見因應戰爭的設計。春夏來訪的遊客可能會覺得眼前是部迪士尼動畫，這是多數人的選擇；冬天來的少數人則會看到本來風貌，是《冰與火之歌》的嚴酷戰爭。

👍 開放時間：三月、四月、十月週二～週日10：00-18：00；五月～九月週一～週日10：00-19：00；
　　十一月～二月週二～週日09：00-17：00。

👍 門票：成人7歐、學生4歐。

● 十字架山 （Hill of Crosses）

在這趟兩個多月的旅程中，有一個行程讓我在出發前就評估可能會有風險，最後還是敵不過它的吸引力，毅然決然地出發，那就是十字架山。

從近兩百年前開始，立陶宛人民因為不同原因開始在此放置十字架，數量多到成為一座世界遺產，算是一大奇觀。

十字架山的起源至今仍然是個謎，只能說它是立陶宛人的宗教跟民族認同象徵，又或者是感情寄託。最早的文字記載是在一八三一年立陶宛嘗試擺脫俄羅斯帝國的控制而發動戰爭，許多戰士的遺體未存，於是家屬們在此樹立一支支的十字架，它也代表對和平的祈求。同樣的反抗行動後來陸續發生，立陶宛在一八六三年曾發生過一場大規模的革命，而在一九一八年，終於獨立成功。

很不幸地，一九四四～一九九〇年期間，十字架山又增加了新的意義，代表立陶宛又有苦難了，這次是蘇共的占領。大量立陶宛人來到這座山，留下了十字架，展現他們的信仰不受影響的決心。蘇共幾度威嚇，想搬移、用推土機及水壩摧毀此處，都未能達到目的。

一九九三年教宗若望保祿二世來到此地，宣布了十字架山為盼望、和平、愛與犧牲的地方，並豎立了大尊的耶穌基督十字架，算是少數和平期間的重大事件。雖然上面這些歷史事件見證了十字架山的存在，但是一般的旅人到此一遊，仍然可以插上一支屬於自己的十字架。

根據十年前的統計，各種造型、巨型或迷你的十字架已經超過十萬支，現在更是難以計算。走進十字架山表面上看到的是數量驚人及各種奇妙的十字架設計，心裡感受的卻是立陶宛人團結一致的信念。

——狂奔十小時，只為看一眼——

當時是冬天，立陶宛的太陽下午四點五十分就會下山，運氣好的話，還來得及看到十字架山入夜前最後一眼。但是運氣不好的話，就會變成一場徒勞無功的奔波了。

　　原本從里加到修雷（Šiauliai）是熱門路線，由於暴風雪跟淡季的關係，平常兩個半小時的路線要開到四～五個小時，算起來抵達Šiauliai的時間會是下午三點多，而且抵達Šiauliai後還要搭乘公車十公里，再步行三公里才能到達十字架山。

　　搭乘地方公車，並不是直達十字架山，而是在往十字架山的交叉口下車。在零下十度的野外走三公里已經很艱難了，如果下錯車，面對下一班車間隔很長的情況，可能要在路邊砍樹生火了。不過，這並沒有動搖我的決心，與其擔心下錯車，不如先擔心有沒有搭上車，因為一路上大眾交通運輸工具都可能臨時取消。

　　旅行久了，我開始漸漸脫跳以往的思考框架，抱持著隨遇而安的心態。誰規定當天一定要返回預定的住宿地點？況且已經支付的里加旅館住宿費一晚才兩百五十元台幣，就當作是大背包的寄放費吧！總之，這趟旅程時間緊迫又充滿變數。

　　實際抵達Šiauliai時，太陽只剩下一小時就下山，我跟另一位背包客分頭找尋地方公車的時刻表，一看，已經用原子筆草草地劃掉了好幾班。

　　我們果決地轉身往計程車搭車處奔跑，在跳上車的同時，同行背包客已經和司機議好價，以二十歐的價格成交。剛剛一百五十公里的巴士票價十一歐，現在十三公里的計程車費就要二十歐，實在讓人心痛，但此時也顧不得荷包了。我事前打聽

過，在十字架山這種觀光郊區搭計程車，除了議價之外，還要和司機再三確認，每人來回共二十歐嗎？停車後能逛多久？先付錢的話會不會跑掉？

司機在駕駛座努力用他破破的英文跟我們保證，要看多久他都會等。於是我們包下這台計程車，而且還是一台火紅奧迪，卻是一點也不拉風的老爺車，總算解決了問題。

到達景點時，距離天黑只剩下三十分鐘可以參觀，時間不夠嗎？才不！頂著刺骨寒風，我緊握住相機，捕捉眼前難得的畫面，但是只拍了二十五分鐘就冷到快要崩潰，準備打道回府，難怪計程車司機剛才敢拍胸口保證等到底。

在十字架山，一次看到二十多萬支十字架，場面還不到震撼萬千的感覺。但是一支一支地看，卻覺得這是世界上最不可思議的事情之一。這二十多萬支的十字架，就像兩百年來，立陶宛人用默契一次接一次完成的歷史接力賽。

從表面上來看，它是一個山丘，插滿大大小小的十字架，即使二十多萬支十字架所占的面積，也只是一個不算廣大的山丘而已。因此有不少人抵達時心一驚，花了這麼長的交通時間前來，眼前看到的竟然是小小一座山。

如果你也抱持著會有層疊海浪般的壯觀景色出現的預期心理，失望在所難免。我必須說，去十字架山需要一點運氣跟人文素養，尤其我是在霧濛濛的寒冬前往，十字架美景就跟我徹底無緣了！若不是天候不佳，而且時間不夠，我還真想再多停留幾個小時。

日頭落山，紅色奧迪將我們送回巴士站，此時巴士站已是一片黑暗、人煙罕見的狀態。我努力跟售票員溝通，發現今晚只剩下一班車而已。買好票後先努力核對上車地點（這是在歐洲搭車很重要的步驟），上車地點的標示不知是立陶宛文還是俄文，加上班次又亂七八糟的取消，讓人有些遲疑。站牌邊有位立陶宛媽媽帶著孩子，看來也有這個困擾，於是我結合自己的旅行直覺跟她的語文理解，幾番推理後確定是這班巴士無誤。

這時距離巴士抵達還有不少時間，Šiauliai巴士站跟超市共構，接下來就是食物大補給的時刻了。經過四、五個小時車程，巴士抵達里加，此時早已夜深人靜。雖然來回花費了十一個小時的車程，實際觀光時間只有二十五分鐘，但也值得了。

👆 交通：十字架山在立陶宛Šiauliai之外十三公里處，到了Šiauliai巴士總站要再搭十公里公車到Domantai站下車，然後走三公里小路才會抵達。即使是旺季，公車也可能超過一小時才一班，趕時間的話要有跟計程車喊價的心理準備。

👆 開放時間：二十四小時。

👆 門票：免費。

● **庫爾斯沙嘴國家公園**（Kuršių Nerija National Park）

　　位於立陶宛西部的庫爾斯沙嘴國家公園，地形非常奇特，沙嘴向外海伸出一個細長的沙洲，形成一個長達九十八公里的潟湖，圍住立陶宛跟半個加里寧格勒海岸線變成了湖泊，沙洲另一邊才是海洋，最窄處只有四百公尺，沿著沙洲走，還可以通往加里寧格勒（俄羅斯飛地）。

　　在當地的沙發主大力推薦下，得知這個很少外國旅人知道、冷門到快找不到通用的中文名稱的城市——尼達（Nida），光從Google map鳥瞰怪異地形，就知道它的景色驚人，可以看到極美麗的海岸，是位在沙洲中央只有一千六百五十人的海邊度假城市。克萊佩達（Klaipeda）位於沙嘴（沙洲的起頭處），是立陶宛唯一的海港城市，想必是因為整個國家海岸都被潟湖圍住了。

私房美食

● **Šnekutis：提供道地庶民料理及自釀啤酒**

　　這是沙發衝浪的主人推薦的餐廳。當我告訴她我想找立陶宛真正的傳統食物，價格跟好不好吃都是其次時，她告訴我Šnekutis好吃又價格超便宜，是當地年輕人最喜歡的餐廳。

　　店家用馬鈴薯跟甜菜等平民食材做出變化，代表性餐點是馬鈴薯鑲肉、馬鈴薯餅跟甜菜湯。馬鈴薯淋上香濃的白醬碎肉，一口咬下，馬鈴薯的口感竟是Q彈；中間還鑲肉，原來是用馬鈴薯泥包住肉，做成馬鈴薯的形狀。甜菜湯加了奶油，呈現粉紅色的狀態，口感十分特別。這裡的自釀啤酒也是人氣很高的飲品，我點的幾道菜，從啤酒到食物都在一～三歐左右，物美價廉，難怪會大受歡迎。

　　它有三家分店，分別在老城區、巴士站旁跟對岸共和國內，交通非常方便。

👍 營業時間：11：00-23：00。

👍 美味推薦：馬鈴薯鑲肉（Zemaiciu）、馬鈴薯餅（Potato pancakes with sour cream）、冷甜菜湯（Cold beetroot soup with hot potatoes）、生啤酒。

👍 消費水準：價位低又超值。

👍 地址：01204, Polocko g. 7A（近老城區店）。

　　　　 Šv. Stepono g. 8（近巴士總站）。

　　　　 01204, Polocko g. 7A（對岸共和國內）。

👍 jususnekutis.lt。

● Zhangas：在立陶宛遇見中式餐廳

　　身為美食控，剛抵達立陶宛，下了巴士第一站就是走入菜市場欣賞食材，卻遇到一位中國大叔也在買菜。在立陶宛遇到華人是很奇葩的事，有種不打招呼對不起這個巧合的感覺。大叔用熱情又帶點滄桑的語氣跟我交談，請我去店裡喝咖啡，還請我吃鮮蔬炒雞絲。

　　這位五十歲大叔來自黑龍江農村，國中畢業，不會英文。我問他：為什麼有勇氣出國？他語氣平淡地回答：「農村不好生活，當然就出國走走呀！」「中國跟俄羅斯很熟，立陶宛在附近，就順便而已！」似乎有這種小事還不到需要拿出勇氣，哪裡都可以生存的氣魄。

　　「立陶宛氣候不是很惡劣嗎？」我問。大叔回道：「我從黑龍江來的，這裡滿暖和的呀！」（當晚零下十三度……）

　　在旅遊時，受到陌生人的邀請令人左右為難，但也是脫離觀光客視角的好機會。跟陌生大叔聊天、跟著對方離開、關上門吃對方端出的食物，每一步都覺得違反某種「安全原則」，只能說旅行的熱血澎湃忍不住想賭一把，說不定運氣不錯，會遇到像大叔這樣溫暖的人。

　　在國外生活一陣子，看到菜單上出現蠔油味、醬油味、勾芡等等關鍵字，都會讓人期待爆表。這間餐廳並不是半吊子的中餐店，碗裡的米粒晶瑩，大叔幫我添得

滿滿的,揪感心!炒菜鍋傳來的香氣也顯示廚師有他的真功夫跟講究。我一度懷疑是不是溫馨會美化了味覺,但隨後湧入的人客,加上Google上4.3分高分,都顯示這是一家貨真價實的中餐廳。

👍 營業時間:11:00-22:00,週六、日12:00開門。

👍 電話:+370-5-275-6097。

👍 地址:Kalvarijų g. 7, Vilnius 09310。

● Būsi Trečias:啤酒與鄉村料理的美味組合

　　每天在立陶宛吃飯就像拆禮物一樣,因為這裡的華人跟日本壓縮機一樣稀少,不可能Google到「立陶宛十家必吃」這樣的文章,只能自行在立陶宛街上發掘美味料理。玩到有點餓時,我會鎖定附近幾家生意興隆的店,這次很幸運地,發掘到自釀生啤酒吧,以及品嚐店內新鮮現切的炸洋芋片。

　　自釀不是店家偷偷在地下室製造,而是由眾多酒吧餐廳釀造,專屬於他們這家店的口味。第一次喝到自釀啤酒,真是打開了我的味蕾新領域,原本不愛啤酒的我,變成沿途都在街上找尋自釀啤酒的店。

　　我曾讀過一篇有關洋芋片起源的文章,原本洋芋在國外餐廳有種做法是切厚片去炸(大約是1～5mm),有次一位廚師被客人嫌棄洋芋切太厚,廚師一怒之下就切得超薄片下鍋去炸,再送回餐桌,結果卻大受歡迎,變成現在老少咸宜的零食——洋芋片。

　　我在這家店吃到傳說中新鮮現切的炸洋芋片,能夠嚐到洋芋的鬆軟,又有酥脆的外皮,超級好吃。這次點的菜叫做Village Pan,是當地人的傳統下酒菜,炸洋芋、酸黃瓜、野菇、煙燻培根跟白醬盛在鑄鐵鍋上,燉煮的時候,白醬已經吸收野菇跟煙燻培根的香味,醃酸黃瓜則調適了奶味,味道鮮明。

　　我另外點了兩杯生啤酒,總共不到十歐。許多當地人一下班就紛紛湧進店內,

臉上滿是喜悅放鬆的表情，這間餐廳的好食物和歡樂氣氛，可說相得益彰。

👍 營業時間：11：00-23：00，週四到24：00，
　　週五、週六到隔天02：00。
👍 美味推薦：Village Pan及所有啤酒。
👍 消費水準：中低價位。
👍 地址：Totorių g. 18, Vilnius 01121（位於貨幣博物館跟維爾紐斯大學之間）。
👍 電話：＋370-618-11266。
👍 busitrecias.lt。

超值住宿：沙發衝浪

　　我在維爾紐斯期間，全程都沒有花到半毛住宿錢，而是用沙發衝浪（CouchSurfing）的方式。

　　沙發衝浪與其說是解決住宿問題，不如說是一種旅行方式。沙發主是當地人，將家中多餘空間免費接待陌生客人，從最基本的住宿開始，聊得來的話升級到一起出遊都不是問題。它也讓我逼迫自己一定要脫離觀光客的視角，重新用另一種眼光看世界。

　　在沙發衝浪網站上，沙發主跟沙發客都有詳細的個人檔案及他人評價，並且列出接待時間、地點、偏好，然後自行在站上傳訊互約。為了報答沙發主的恩情，我也會下廚招待他們。

👍 www.CouchSurfing。

帶著麻油去旅行

離開台灣時，我只帶了兩種食材，一罐黑麻油跟一袋南投埔里麵線，只為了煮出讓歐洲人回味無窮的台灣料理。

在沙發衝浪的網站上，亞洲沙發客（Guest）往往給人比較無趣的刻板形象，但如果妳是亞洲女性就不一定了，很容易受到某些男性沙發主（Host）青睞，女性沙發主也比較放心來家裡作客的是女性。所以，亞洲人＋男性可能是沙發衝浪站上最不受歡迎的族群。因此我在沙發衝浪網站的宣傳口號就是「有中餐廚師證照，讓我們共同享用一桌台灣料理吧！」有證照這件事沒有說謊，只是煮菜常常失手沒有提而已（笑）。

第一場廚藝show，是在法蘭克福的沙發主家，由於只住一晚，所以只有一次大展身手的機會。由於Host夫婦很晚才下班，我只能在十五分鐘內快速完成一頓簡單的晚餐，也沒有時間再去超市採購一番。

幸好這種情況完全在我的算計之內，十五分鐘就俐落地拌好三碗麻油麵線。麻油的香氣是沒有人會不喜歡的，而且這味道對歐洲人來說往往是第一次體驗，口感迥異於在當地中國城吃到的中華麵條，也是亮點。

趁大家對麻油正在興頭上，我又加碼說了一個故事，告訴他們台灣有所謂的食補文化，以及寒燥食材、冷熱體質、冬夏食補等知識，像是麻油對女性有益，可以改善手腳冰冷的問題，台灣的婆婆媽媽們會用麻油料理幫媳婦坐月子……來自澳洲的沙發主聽了馬上說，明天就去中國城找黑麻油犒賞他的德國籍太太。

以料理回饋沙發衝浪主人時，必須掌握烹飪時間，因為你真的不會知道，能有多少時間準備一餐。我的做法是沒時間就煮麻油麵線，有時間就煮麻油雞。無論煮什麼，我希望他們回憶中的台灣料理都是很有趣的，所以絞盡腦汁，用一些飲食典故來加料。

讓外國人覺得厲害的沙發衝浪煮菜秘訣

另一次在維爾紐斯利用沙發衝浪借宿，因為要住上四天，我跟對方都很期待，也絕對有時間完成一桌完整的台灣料理。所以一下車，還沒把自己安置妥當，就趕忙到距離巴士站很近的中央市場看看當地有什麼常見的食材。

果然事先模擬是對的，當天我跟沙發主約定進門的時間很晚，所以沒預期要煮菜。但此時已接近晚餐時間，沙發主突然傳簡訊來說：「我已經通知全家人，還有妹妹的男友，準備一起吃台灣菜了！」

我冷靜地回傳：「沒問題！」

出發前我在規劃沙發衝浪菜色時，首先思考：我的拿手菜需要什麼食材？是不是在一般超市就能買得到？如果不是的話，就立馬去學一道來。在台灣常見的蛤蜊絲瓜、糖醋排骨、紅燒豆腐等等，都是簡單又有台灣風味的料理，雖然端出來時很棒，但是在歐洲，如果沒有專程去中國城，哪裡找得到絲瓜、白醋跟豆腐呢？沙發衝浪的範圍是全世界，而我預設的菜單是麻油雞、番茄炒蛋、麻油麵線、蒜炒青菜，這套菜單需要的食材有雞肉、雞蛋、番茄、青菜、薑及蒜，是全世界都能輕易買到的。此外，調味料也很重要，需要的酒、鹽、糖、食用油跟番茄醬，可能對方的廚房裡就有了。所以，最關鍵的是麻油跟麵線，這兩樣一定要是台灣製造的才對味。

在維爾紐斯沙發主家裡發生了一場小危機，當我說要煮麻油雞時，沙發主才告訴我，他們全家吃素，還有我發現廚房裡的平底鍋有點碳化，不太導熱。幸好我隨機應變，把麻油雞改成麻油高麗菜，而且我預設的菜色，都是在即使鍋具很爛的情況下也是可以輕鬆完成的。

當我在下鍋時，大家都興奮地跑來問我要煮什麼。面對不稱手的鍋子，靠著精挑細選過的菜單，我還是可以一邊料理一邊分神和他們聊天。麻油料理第一步是用小火煸薑片，煸好薑片後，不管是要炒雞肉，還是改成高麗菜，都可以用小火拌炒（麻油遇大火會苦），再倒進啤酒，代替

米酒燉煮。到了燉煮的階段更是不用費神，因為這道菜比較不挑鍋具跟火力。而在將麻油高麗菜倒入啤酒燉煮後，就有手騰出來做番茄炒蛋了，它可說是臨時到了別人家的廚房中，還能優雅上桌的定番料理。

在眾目睽睽之下，我先用熱油將番茄小炒後慢慢引出茄汁，讓顏色更鮮紅，再放入蛋液拌炒，香甜的蛋液漸漸融入茄汁，增加了味道的層次。

「這道菜可甜可鹹，讓很多不愛吃番茄的小朋友也能扒下整碗飯。」沙發主聽了頻頻點頭。

另外，我注意到歐洲人廚房的排煙設備比較適合小火，這跟他們的烹飪習慣有關。

歐洲常見電陶爐跟電爐，加熱曲線都跟台灣用的明火有極大差別，因此烹調方式最好以小炒、水煮或燜燉為先，避免需要油炸、爆炒的料理。

用餐時，我問他們為什麼吃素？理由是為了環保跟動物權益。但是在歐洲吃素的用餐選擇真的很貧乏，只有生菜、生菜、生菜，我組合了麻油、啤酒、蔬菜及番茄炒蛋，讓他們十分驚豔。

我一直覺得食物是維繫人與人之間的感情跟文化交流的好方法，我和沙發主一家人，也因為食物，有了更深的交集。這家人的長女，是名義上登記在網站的沙發主（實際上是全家人跟貓一起接待客人），她是一位酷酷又隨興的女孩，維爾紐斯大學畢業，目前靠著幫人遛狗賺錢。我原本以為這是找到正職前的臨時打工，沒想到她把這份工作當作是自己的志業，一心想著要如何擴充這個事業才好。生長在台灣的我始終有個狹隘的觀念，以為進入一家企業工作才算是正職，創業是一件不得了的事情。但一路上，我遇到很多東歐的年輕人，他們覺得哪有這麼多企業可去，反而把各種大大小小的創業當作是他們的人生目標。

很多人說東歐出產美人，尤其從波羅的海到烏克蘭、白俄羅斯這一帶，立陶宛也不例外。沙發主的媽媽就是個優雅的美人兒，她的小女兒跟男友也像是從雜誌型錄中走出來的型男美女。和我最聊得來的是小女兒的男友，他是數學系高材生，用餐的當天正逢他人生中的大日子，隔天就要去IBM報到上班。回台灣後，他和我一直保持連絡，最近還與遠在八千公里外的我，分享了結婚的喜悅。

對我來說，沙發衝浪的意義已不是零元住宿，而是走入當地人的日常生活，甚至認識一個家庭的過程，也帶來了許多美好難忘的回憶。

我在波羅的海三小國旅行花費總支出是14,902元，包含交通、住宿、吃飯、景點門票等等，平均一天才1,064元。也許你會好奇，一天1,064元在當地能過怎樣的生活？說明如下：

交通：

除了市區交通沒得選擇外，長途交通幾乎都搭乘最豪華的Lux Express。

住宿：

夜晚都是在hostel跟沙發衝浪度過，選擇這種住宿不是為了省錢，而是因為這是一種帶來特殊體驗的旅行方式。小型hostel的staff通常都是在地玩樂的專家，提供各種觀光跟私房行程，有時候staff還會親自帶你去玩。

為了確保能住到最有特色的hostel，我一定從當地評價最高的hostel之中精選，通常也是最貴的。沙發衝浪雖然也有好幾晚，但我會自費採買食材做台灣料理請客，花費都計算在總支出中，算下來不比住在外面花費少。

伙食：

有人說歐洲旅行省錢的訣竅就是自炊，但我盡可能上中高檔的餐廳、酒吧。到歐洲不狂吃當地食物，卻為了省錢下廚，就像到了羅浮宮，不進去看蒙娜麗莎畫像的廬山真面目一樣可惜。而我找餐廳的方式很簡單，打開APP看附近評價最高的餐廳，直接走進去，實際價格往往只是台灣普通的一餐。

通常hostel都會提供豐盛的早餐，可以吃得飽又不會花到錢。當然，旅行時景點都看不完了，也不可能每一頓飯都花時間上好餐廳、吃好料，有時我會用三明治或攤販賣的小吃簡單地解決一餐。

休閒娛樂花費：

這個項目包含所有門票、夜店、參加tour的錢或一切休閒娛樂有關費用。

我必須說，自己沒有走進很多古蹟、教堂或博物館參觀。因為波羅的海三小國的重點不在付門票入場的景點，所以這方面花費有限。

此外，到波羅的海三小國之前，我還去了歐洲偏中等消費的德國及波蘭，剛好也是十四天，總支出是28,827元，平均一天2,056元，幾乎是兩倍花費。

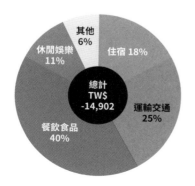

〔餐飲食品〕午餐-3668　25%
〔餐飲食品〕晚餐-2014　13%
〔餐飲食品〕點心零嘴-276　2%
〔運輸交通〕市內交通-426　3%
〔運輸交通〕長途巴士-2989　20%
〔運輸交通〕計程車-338　2%
〔住宿〕Hostel-2668　18%
〔休閒娛樂〕門票-1584　11%
〔其他〕雜項-939　6%

德國柏林
沒逛好逛滿博物館，別說你來過柏林

柏林自助旅行難易度		
自助評估重點	難易度	說明
區內交通	中	腹地大，需要捷運、巴士、步行並行。
行程規劃	稍難	景點與博物館多，難以取捨。
感官享受	中上	資訊量大，歷史建築豐富。
基本消費	中	在德國城市中偏低。
治安情況	中上	遠優於西歐、南歐觀光城市，但低於德國其他大城市。

　　柏林在歐洲是個很特別的地方，歐洲越靠近東部，受到俄國或共產黨長年的影響越大，這也是東半部歐洲為何風貌、發展、物價，都有別於其他歐洲的主因之一。而柏林就是一個非常東邊的西歐首都，東到曾被蘇聯所掌握。當從不同角度去劃分無定論的東歐界限時，包含德國柏林的觀點也不難看到。

　　我一向奉行越混亂越驚喜的旅行哲學，所以整個德國之中，我對柏林情有獨鍾，因為它是德國物價較低又最不規矩的城市。柏林前市長Klaus Wowereit曾經說過一句話：「Arm aber sexy（我們柏林窮，但是性感）」，為柏林做了最好的註解。窮只是相對於二戰復甦後典型的德國都會而言，柏林還要負擔合併前的東柏林經濟發展，十分吃力；但這一點也不影響這個城市的多元文化及古蹟的可看性，依然是歐洲很精采的大城市之一。來到柏林，千萬不要想來個一日大暴走，柏林的面積超大，而且整個城市充斥著「深度」旅遊的景點。歐洲很多城市都有明確的老城區，歷史景點集中，而且老城區通常不會太大，可以用步行或急行軍的方式快速瀏覽。但柏林的景點，就像它的多元一樣，不會乖乖地侷限在一個區域裡。柏林上百座博物館及各種藝文場所，座落在城市各個角落。

推薦到柏林自助旅遊的理由

柏林圍牆及冷戰時期建築林立，是容易入門的歐洲歷史

　　歐洲是有豐富歷史寶藏的地方，但老實說，那些城堡騎士的事蹟，對許多人來說都有一些距離感，比較像古裝電影裡的情節。但是柏林圍牆及冷戰的近代史，感覺就真實多了，在此不僅可以感受到時代巨輪的轉變，也可以想像那些身在其中的市井小民的生活。例如：在德國歷史博物館中展示了東、西德同一個時期的汽車、冰箱、果汁機等發展，西德當時就有我們熟知的Bosch、福斯等等名牌並發展至

今，東德為了一較長短也研發出類似產品，但是產能、功能和品質都相去甚遠，形成強烈對比。

高品質又多元題材的博物館

歐洲有很多博物館以藝術品跟古物聞名，值得參觀，但也常是附庸風雅地走進去，然後一頭霧水地走出來。

柏林的博物館不一樣，可以滿足任何人的需求，如果你本來就對藝術鑑賞有興趣，柏林提供你世界級的饗宴。博物館島上的五座博物館，包含古希臘、羅馬、埃及等文物，連專業人士都能滿載而歸。此外，柏林還有很多通俗易懂的博物館，除了前面提到的德國科技博物館、德國歷史博物館之外，還有更多元的主題博物館，例如同性戀博物館、水上運動博物館等等。

柏林的博物館超級多，往往排好博物館行程，半路上又會看到喜歡的博物館，深怕錯過，此時購買一張博物館島卡或Berlin Welcome Card就可以輕鬆選擇又省錢。

首都級別的雄偉歷史建築

以柏林的首都地位來說，城堡、古蹟、教堂這些歷史景點絕對不會少，即使不去德國其他城市，一樣可以在華美的建築物前拍照打卡，留下難忘的回憶。

柏林行程規劃建議

短天數行程

——柏林圍牆之旅＋博物館島之旅＋夜店旅行團——

如果你在柏林的停留時間很趕，那麼第一選擇就是參觀柏林圍牆相關的歷史景點，最能代表來過柏林；倘若你對柏林眾多博物館難以取捨，至少可以走一趟博物館島，島上還有柏林大教堂，絕對是在柏林短時間停留能獲得最多感動的地方。此外可以參加夜店旅行團（Pub Crawl），飲酒熱舞不是推薦重點，而是花一個晚上就可以感受到這個城市自由奔放的性格。

長天數行程

——柏林圍牆之旅＋博物館之旅（含博物館島內及島外）＋
歷史建築之旅＋夜店旅行團——

柏林圍牆跟夜店都少不了，但跟短天數行程不一樣的地方，就是參觀博物館島內島外個人有興趣的博物館，還有其他宏偉的歷史建築。

推薦景點

柏林圍牆之旅

　　提到柏林，柏林圍牆絕對是大多數人腦海中第一個浮現的名詞，這座傳奇的圍牆曾經將牆的兩端硬生生分隔成東西柏林兩個不同的世界。但走到柏林圍牆前，只能說它就只是一道又薄又矮的水泥牆，而且還不是有防禦功能的厚牆，它的厚度大概跟一般人家院子的圍牆差不多。如果帶著滿滿期待前來朝聖，可能有不少人會大失所望。因此，建議先建立對這座牆的歷史感，行程中的最後幾天再來，會有不一樣的體會。

　　在柏林，百分之五十以上的景點或博物館都能夠跟柏林圍牆產生關聯，如果想要節省時間的話，建議由下面三個有代表性的地方下手：

● 查理檢查哨（Checkpoint Charlie）

　　其實就是一個代碼C的檢查哨，跟查理一點關係都沒有。在軍事上為了避免聽錯字，不能只講C，還會用整個英文單字來表示，因此C就用Charlie來表達。

　　這是目前僅存的檢查哨，東西德時期都要通過檢查哨才能跨越柏林圍牆。到了這裡，只見到穿著軍裝的街頭藝人在馬路中央的檢查哨吆喝著和路人收費拍照而已，人事已非，但是一個具有代表性的地點。

👍 開放時間：二十四小時。

👍 門票：免費（參觀外觀）。

● 東邊畫廊（East Side Gallery）

　　在柏林東側有一處全長一點三公里、目前僅存最長的柏林圍牆遺跡，被漆成各種壁畫，叫做「East Side Gallery」。沿著East Side Gallery的藝術牆邊都是有趣的塗鴉，有的繽紛，有的意義深遠，來回可以逛上三十分鐘。其中一面牆漆有塗鴉「死亡之吻」，象徵與蘇共友好有如走向死亡，是柏林圍牆辨識度最高的地方。

👍 開放時間：二十四小時。
👍 門票：免費。

● 德國歷史博物館（Deutsches Historisches Museum）

　　那麼多個國家跟民族擠在一塊歐洲大陸上，加上貴族通婚，造成歐洲每個國家的歷史都相當複雜。但這間歷史博物館卻可以把德國歷史展示得脈絡分明又生動，這並不是靠館內資料豐富而已，館內路線設計就像隨著時間線在演繹一段段故事，每個區域的文字跟畫面比例都恰到好處。建議一定要租借語音導覽，可以把德國的歷史簡明扼要地灌輸到腦海中，十分精采。

　　雖然這是一間博物館，但是一間最能直白解釋東、西德故事的博物館（為了便於大家安排行程，之後博物館之旅的章節就不再重複）。

　　在眾多東、西德相關的展示中，我推崇這間，它以淺顯易懂的方式展現了東、西德日常生活的差異，例如福斯出產的經典金龜車，是一九五〇年代西德的產品，從一九三八年熱賣到二〇〇三年，每年生產超過兩千萬台，在台灣也買得到復刻版，是德國工藝的代表。

　　但德國歷史博物館刻意在旁邊展示東德同期的Trabant汽車，蘇聯硬湊出這台車是想告訴東德人民，共產主義不輸給西方國家帶領的西德，並承諾若干年後，家家戶戶都會有一台Trabant，結果反而打了自己一巴掌，成為負面教材。Trabant被選為史上最差的十二台汽車設計，當時因為物資缺乏造成生產延宕，導致東德人要訂車，必須先在候補名單上登記，並且等待十三年才行。

👍 開放時間：10：00-18：00。
👍 門票：成人8歐、學生4歐、十八歲以下免費。

博物館之旅 （分為博物館島上及非島上的博物館）

柏林著名的博物館島，在柏林市中心施普雷島的北端，島上除了有五座大神等級的博物館，連柏林大教堂也位在此，由於重量級博物館及教堂密集，被登錄為世界遺產。

是的，不只是博物館本身，整個島都變成世界遺產。從這五座博物館開始，柏林漸漸發展出據說上百間的博物館，是一個旅遊知識庫龐大的城市。千萬不要以為到處都是博物館很無聊，能夠在同一個城市容納這麼多博物館，展覽主題可是千變萬化。因此，在柏林有一種旅人的流行病叫做「博物館選擇困難症」，可以分為博物館島跟非博物館島兩類行程來「對症下藥」。

1. 博物館島

島上博物館	特色
佩加蒙博物館 （Pergamon Museum）	出自巴比倫文， 鎮館之寶是來自土耳其境內的佩加蒙祭壇。
新博物館 （Neues Museum）	展示埃及文化。
柏林舊博物館 （Altes Museum）	展示古希臘、羅馬文化。
舊國家畫廊 （Alte Nationalgalerie）	展示印象派及現代主義藝術。
柏德博物館 （Bode Museum）	展示拜占庭時期的藝術品和中世紀雕塑。

這五座博物館宣稱「呈現人類六千年來的藝術與文化」，逛完一個館至少要花上半天時間，走馬看花是沒有意義的。倘若時間不夠的話，可以花一天時間只看新博物館（Neues Museum）跟佩加蒙博物館（Pergamon Museum），還有時間留給其他景點，以及島外眾多博物館。

我選擇新博物館（Neues Museum）跟佩加蒙博物館（Pergamon Museum）的理由很簡單，任何人參觀之後都會覺得壯觀，館內保存了珍貴的中東、埃及古物，甚至拆了別人的古城門在博物館內重新組裝。

島上的另外三個博物館，當然也很值得一遊，館內有古希臘、羅馬文化跟各種珍貴的藝術品珍藏。但考量到人已經在歐洲，即使不進博物館也可以看到滿街都是

古希臘、羅馬文化的痕跡，加上並非人人都是藝術行家，所以在時間有限的情況下，建議做一些取捨。

2. 非島上博物館

號稱有超過百間博物館，無法一一列出，建議可以挑選博物館卡或Berlin Welcome Card上有免費或折扣的博物館參觀。會出現在Welcome Card中的博物館大多是較受歡迎的，而且柏林的博物館門票不便宜，買了Welcome Card就請盡量利用吧。推薦幾間具代表性的博物館如下：

● 柏林德國科技博物館（Deutsches Technikmuseum Berlin）

博物館裡面展示各種古典的老車、外型巨大有科技感的火車跟扇形火車庫、各種航空器、航海船隻、電信、攝影等等，主題非常廣泛。每個領域的館藏都是讓人一看會忍不住發出「WOW」一聲的讚嘆，以至於這個博物館即便解體成十個，我都願意買十張門票走進去。

👍 開放時間：週二～週五09：00-17：30，週六、週日10：00-18：00。
👍 票價：成人8歐、學生4歐。

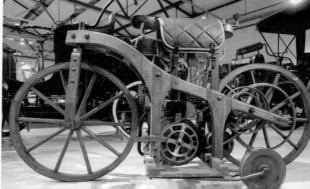

● 東德博物館（DDR Museum）

　　館內有各式各樣東德的生活器物，甚至一般人的房間布置。如果柏林其他博物館是長篇深度文章，東德博物館就是條吸睛的推特短文，它的面積不大，也沒有驚人的歷史館藏。但是那些大量生活化的器物，讓人彷彿穿越時光隧道，回到過去的時代，加上位置就在柏林大教堂旁邊，是很容易入手的博物館。

👍 開放時間：週日～週一10：00-20：00，
　　週六10：00-22：00。
👍 票價：9.8歐、線上購票5.5歐。

● 柏林猶太博物館 （Jüdisches Museum Berlin）

　　這是幾乎每本柏林旅遊書都會推薦的博物館。柏林猶太博物館建築本身的特殊造型跟奇妙格局，就已經可以當作建築作品來欣賞，展示的設計如流亡院（Garten des Exils）、浩劫塔（Holocaust Turm）、落葉（Shalechet）十分特別，處處都可見用心。

　　猶太人受納粹迫害在德國是重要議題，不過我問去過猶太博物館的台灣朋友都覺得有點沉悶，包含我自己。可能這段歷史距離我們太遙遠陌生，而且展現的手法過於精細，熟悉這段歷史的德國人或歐洲人比較有感覺吧。

👍 開放時間：10：00-20：00。
👍 票價：成人 8歐。

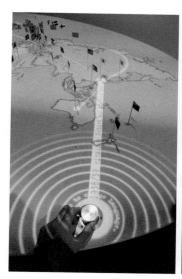
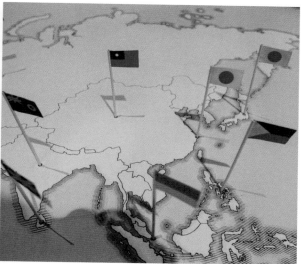

❖ 柏林交通省錢撇步

1. 購買Berlin Welcome Card，除免費博物館外，還可無限搭乘交通工具。不妨把需要乘車的行程，集中在Welcome Card有效期間。

2. 利用100 & 109 BUS做柏林市區觀光。

3. 下載BVG（柏林交通局）APP，做好路線規劃。

❖ 逛柏林博物館小技巧

1. 在博物館島看兩間以上的博物館，請購買博物館島卡可回本，費用是18歐。

2. 如果看完島上兩間博物館後，還會去島外任何一間博物館，請購買七十二小時的 Berlin Welcome Card可回本。

門票花費高，是在柏林特有的現象，畢竟柏林高水準的博物館太多。此行我總共去了七間博物館，原價46歐，好在有 Berlin Welcome Card，所以只花了29歐。我是用七十二小時的Welcome Card一票逛到底。

歷史建築之旅

● 布蘭登門 (Brandenburger Tor)

　　柏林很少只需到此一遊、看一眼外觀的景點，布蘭登門就是其中之一。雖然如此，我仍推薦前往，因為布蘭登門不只是柏林的標誌，也是德國的標誌。它於一七八八年開始建造，用六根立柱支持十一公尺深的五條通道，以雅典衛城的形式建成，外觀十分宏偉。城門上有勝利女神像，柏林很多這種青銅搭配古樸石造的建築，挑色很討人喜愛。

　　布蘭登門的位置便利，與菩提樹大街銜接，看完島上博物館後，沿著不到兩公里的菩提樹大道行走，就可抵達。四周除了有趣的商店，還有俄羅斯大使館、德意志歷史博物館、柏林國家歌劇院等，可沿路觀賞。

👍 開放時間：二十四小時。

👍 票價：免費（參觀外觀）。

● 柏林大教堂 (Berliner Dom)

　　歐洲什麼不多，教堂最多，旅行一陣子後，很多旅人都說對教堂「美感疲乏」，此時更需要新奇的設計、外型差異很大的教堂來刺激一下感官。但是，眼前的柏林大教堂，並沒有令人耳目一新的建築風格，而是常見的文藝復興時代外型，就直接攻破我的美感疲乏，成為提到歐洲教堂時，我心裡少數會浮現的教堂之一。

　　柏林大教堂位於博物館島上，屬於基督新教的路得一派，主體在一八九五年由德國皇帝威廉二世下令興建，目的是作為新教的主要教堂，與梵蒂岡的聖彼得大

教堂互別苗頭，為此還拆除了原址的教堂。二戰期間，這間大教堂被盟軍轟炸倒塌，整個圓頂都落地了，現在看到的教堂已是修復後的版本。在這裡不由得要佩服德國人的工藝技術跟用心，十分重現它的歷史感，線條也是繁複又平衡，根本看不出修復的痕跡。

👍 開放時間：週一～週六09：00-20：00，
　　　　　　週日12：00-20：00。

👍 票價：成人7歐、學生4歐。

● **德國國會大廈**（Reichstagsgebäude）

　　國會大廈距離布蘭登門大約兩百公尺，兩個重要且交通方便的景點連在一起，實在沒有錯過的理由。德國國會大廈是德國權力的象徵，納粹也是在此一步步掌握了議會，將國家推入了第二次世界大戰的爭端。

　　政府機關不是隨便買張門票就能進去，進入國會大廈需要事先預約審查及提供護照檢查，每個時段有限定的人數。它的精采處在於建築本身，穹頂跟天台是重點，可以三百六十度眺望柏林市區。就算沒有事先申請進入參觀，國會的外觀及廣場也相當值得一看。

👍 開放時間：8：00-24：00（最後入場時間：22：00）。
👍 票價：免費。

柏林另類之旅

● **柏林地下掩體之旅**
（Berlin Underground Tour）

　　很少人知道這個位在Gesundbrunnen地鐵站的柏林地下掩體（Berlin Underground），它讓我不禁讚嘆德國人彷彿擁有外星人的智慧，光是一個防空洞就有好多先進的設計，但另一方面也不禁感慨，即使是德國人也會做愚蠢的表面工程。

　　第二次大戰末期，德國即將戰敗，因為從不覺得會輸到本土被攻擊，柏林人沒有任何空襲避難設施，只好把原本未完成的地鐵改裝成防空洞。在這個地下空間內，牆壁是螢光的塗料，因此失去照明時還能夠看書，可以用真空管快速傳遞文件。但做工細膩的德國人也不敵戰敗陰影而作假，地鐵跟防空洞設計不同，深度不足以承受炸彈的威脅，一旦炸彈落下來會直接穿透到地下，也就是躲進防空洞等於是被坑殺。面對民眾情緒的沸騰，納粹不得不飲鴆止渴，否則民眾可就會暴動了。

　　這個地洞既深又廣，以至於官方必須規劃好幾種路線才能涵蓋。所謂官方只是一個導覽組織，並不擁有讓遊客拍攝地底的權利，所以

網路上很少出現照片，加上很少人逛過全貌（裡面有數條路線），又要現場排隊預約，至今仍是個神秘的地方，滿足了一般遊客的好奇心。

👍 地址：Brunnenstraße 105, 13355 Berlin。

👍 門票：12～15歐（視參加的tour而定）。

👍 www.berliner-unterwelten.de。

● 桑拿浴場（Vabali SPA Berlin）

夜車抵達柏林時，天氣很冷，購買Berlin Welcome Card時，我特別向遊客中心的櫃台小姐詢問，在柏林有沒有代表性的德式桑拿浴場。

講到德國桑拿，百分之九十五的觀光客都會想到巴登巴登的弗里德里希浴場。但我心想既然桑拿是德國人重要的日常活動，不可能只死守在一個地方。尤其在柏林這樣的現代化大城市，一定會有更棒的桑拿浴場，而且是觀光客不知道的。

果然被我猜對了，櫃台美女告訴我有一個神秘又豪華的桑拿浴場叫Vabali SPA，而它帶給我的驚奇，遠遠勝過弗里德里希浴場。實際體驗之後發現，它豈止是一個桑拿浴場，根本是個小村莊吧！

Vabali SPA是一座擁有峇厘島Villa建築風的桑拿浴場，占地有三個足球場那麼大，沒有看地圖的話還真的會迷路。它有十三個不同的烤箱跟蒸氣房，差異在於各種不同的造景、溫濕度、香氛，還有一個烤箱位於高處，可以坐在裡面享受療程，並透過窗戶俯瞰村莊，欣賞夕陽美景。

裡面除了各種大小游泳池跟溫泉池，也有室外的游泳池。戶外有很多間讓人可以靜躺的小屋，而游泳池水道就環繞著這些小屋，營造出在Villa度假的感覺。Vabali SPA不只是場地大、有很多烤箱、蒸氣室及游泳池可以換來換去而已，從早上十點到晚上十一點，每三十分鐘就會安排一個免費享受，讓一群裸體的人蜂擁而至，像是用橘子鹽去角質、敷面膜，或是安排冥想，一天內大約有二十多種把戲推出。

在所有活動中最關鍵的就是送風人，德國桑拿如此振奮人心，很大一部分就來自於送風人的矯健身手。走進烤箱內，大家一臉莊重地好像在期待什麼，隨著時間接近，人潮持續不斷地湧進，最後送風人走進來。送風人通常一臉自信，全身有股莫名的氣勢，關上門之後，先舀水灑在木炭或鐵管上產生熱氣，並且揮舞著毛巾，將熱氣均勻地帶到房內每一個角落，達到想要的溫濕度。這時如果你覺得已經夠熱，那可就慘了！因為只是燒了一鍋熱油，還沒往你身上澆呢！

接下來所有人會肩並肩坐成一個凹字形，送風人開始在中央揮舞著手中用來操弄風的各種工具，毛巾是最基本的，我還看過送風人用綁有兩根旗杆的大塊布，甚至兩手各拿一段小樹幹，用茂密的枝葉在送風。他們就像在進行一場表演，結束之後，大家還會投以熱烈的掌聲。

為什麼我說「操弄」，因為真的很神奇，只要送風人一舞動，雖然看不到，卻

明顯感受到一條超粗的熱流在桑拿房裡流竄，原本已經汗流浹背的身體，又用兩倍、四倍、六倍的速度開始飆汗。明明室內空氣已經很炙熱，還有德國人用一臉陶醉的表情大口地吸進滾燙的熱氣，深怕某種精華會跑掉一樣。（這一點也不科學呀！）由於這些熱風正是精華所在，所以一定要公平地分給大家。送風人會分別以六～十個角度，朝向不同角度的人們搧風，每個人都要顧到才行。

當他開始搧風時，一條無形熱氣強逼過來，我覺得自己都要被焚化了。如果《七龍珠》裡的賽亞人面對著我打一發龜派氣功，可能就是這種感覺吧。

室溫已經上升到五十度以上，每一個毛孔都在噴水，又有瞬間灼熱、汗水燒乾的錯覺。此時，我很想要逃跑，但這是很不禮貌的行為，若開門的話熱氣會外洩，是大家很忌諱的事，門口就有標語嚴格禁止。既然逃不走，我只好掩面趴下來保護臉部，吸入底層沒有那麼滾燙的空氣，加上趴下時背上的灼燒感，很像消防教育說的在火場裡面的情境。

現場只有我跟幾個年輕男女這樣閃躲，用驚恐的眼神相視苦笑，而多數人都是仰頭像在接受灌頂一樣。送風人每澆一次水並再度補充熱氣後，就要進行跟上一循環相反的方向，因為先被搧的，風最熱、最有療效。

此時，大家還會傳遞一桶碎冰，讓身體舒緩一下，但大都是只抓一把冰，我則是抓住冰桶就放不開。不過熱到某個瞬間，我的身心突然進入了另一種狀態，只剩下模糊的潛意識跟熱氣，心裡容不下任何雜念。滲水的毛孔好像在排毒，也同時把所有的煩惱、疲累一起排出。這個境界大概就是「冥想的平靜」＋「飛輪騎到心跳120的自虐」＋「熱瑜伽的舒爽」吧！

從火燙的烤箱走出來後，接下來是吃冰棒。門口有一個裝滿碎冰的大鼎，裡面放滿各種新鮮水果，這些水果事先冷凍到透，用竹棍一個個串好，是百分之百純鮮果冰棒。也有人會趁身體火燙時跳進冰水裡，或是直衝戶外的小樹林裸奔，吸收芬多精，來讓身體冷卻。沒錯，三個足球場大的浴場，有座小樹林算什麼！還有好幾個寧靜的空間，裡面有乾爽的床舖、柔軟的被枕，讓人休息一下。我一躺上去，哇～～～是水床耶，這裡也太多驚喜了。

👍 營業時間：09：00-24：00。

👍 電話：＋49-30-9114860。

👍 地址：Seydlitzstraße 6, 10557 Berlin。

👍 計費方式：兩小時21.5歐、四小時28.5歐、八小時36.5歐。

👍 www.vabali.de。

👍 小提醒：請注意德國傳統為混浴且不著衣。

● 夜店旅行團（Pub Crawl）

　　歐洲的夜生活是旅行中很重要的一環，問問青年旅館櫃台，都可以找到Pub Crawl的蹤跡（就是夜店的旅行團）。先付大約台幣三百～五百元報名，然後Tour guide（導遊）會在晚上集合青年旅館的客人，一起夜遊三～六個酒吧或夜店。

　　柏林的夜生活很出名，酒吧充滿各種藝術氣息，能感受到這個城市活力與頹廢並存的氛圍。導遊通常是當地的夜店咖，在他的帶領下，我見識到當地最有特色、受歡迎的酒吧或夜店，是在旅遊書上找不到的。

　　我曾走進一間好奇葩的酒Bar，酒客會一次二十幾個人一起上場打乒乓球，一群陌生人酒後隨意加入，車輪式輪流回擊竟然超過三十分鐘都沒有任何一次失誤，難道柏林街上掉下一個招牌，都可以砸到三個乒乓球選手？據說打乒乓球是因為這是唯一可以一手拿啤酒一手玩的運動。但為什麼喝啤酒的時候一定要運動？實在太特別了。

私房美食

德國國民小吃：咖哩香腸

　　到了德國後最常在餐桌上看到的不是德國豬腳，而是咖哩香腸（Currywurst）。德國人會把香腸煎或炸得脆脆的，再淋上大量咖哩番茄醬。醬汁是靈魂，基底是番茄醬跟咖哩粉，還有伍斯特醬跟各種香料。咖哩香腸肉汁搭配麵包，或附上薯條沾

咖哩番茄醬，吃了真的會上癮。這是一個口感跟味道都強勁的街頭小吃，另外還可以淋上美乃滋來中和各種香料的刺激。

柏林是咖哩香腸的發源地，德國人每年可以吃掉八億份咖哩香腸，柏林人食用量更是其他德國人的兩倍，以至於走在柏林街上，到處都可見到它的蹤影。因為平價、涮嘴，站著就可以吃，很適合趕路的背包客拿來果腹。吃過無數個咖哩香腸之後，基於好吃、交通方便或有特色等條件，我推薦下面幾家店：

● Curry Baude：以好吃聞名的歷史名店

一九八九年開業，就位在U-Bhf Gesundbrunnen站的出口，是到柏林地下掩體（Berlin Underground）必經之站。它除了是一間受到柏林人歡迎的傳統老店外，老闆還是經營肉舖的屠夫，所以這家店的香腸肉比我吃過的任何一家都多汁，果然有肉舖的專業優勢。

👉 營業時間：週一～週五06：00-24：00，週六09：00-24：00，週日09：00-20：00。

👉 美味推薦：招牌咖哩香腸（Curry Sausage "SPECIAL" with corn, paprika, gypsy sauce）、維也納炸肉排（Viennese Schnitzel）。

👉 消費水準：低價位。

👉 電話：＋49-30-4941414。

👉 地址：Badstraße 1-5, 13357 Berlin。

👉 www.curry-baude.de。

● Grillwalker烤行者：把店揹在身上

走出DDR東德博物館時，看到有個中年男子把烤香腸揹在身上販售，這個裝備實在太可愛了！明明肚子很飽，但還是忍不住向他買了一份德國香腸夾麵包。

德國法律規定，若餐飲設備落地就要申請執照，於是就有人想出這種方式做生意。每個Grillwalker就是一個老闆，可以說是最快速的創業之道，還有專門的公司銷售設備。除了可以隨時隨地賣起烤物，還接受到派對活動專門負責燒烤，賣什麼並沒有設限，但在德國嘛！還是以德國香腸為主。

👉 營業時間：二十四小時皆有可能。

👉 地址：各大車站、景點都有。

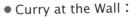

● Curry at the Wall：
適合打卡又好拍的觀光小店

從名字就可以推測這不是什麼老店，而是為了觀光客開的，但它的確是一間會讓觀光客開心的店。口味是一般咖哩香腸的好吃度，還有少見的素食咖哩香腸。它位在查理檢查哨跟恐怖地形圖之間，一路上荒涼無遮蔽，很適合中途休息，一眼就能看到Curry at the Wall有一百五十公尺高的咖哩熊塔，熊的背後就是巨大顯眼的柏林熱氣球地標，還有柏林圍牆。

👉 營業時間：10：00–20：00。

👉 美味推薦：一般的Currywurst都可以，特色是素香腸。

👉 電話：＋49-176-32445872。

👉 地址：Zimmerstraße 97, 10117 Berlin。

👉 www.curry-at-the-wall-berlin-mitte.com。

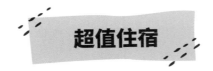

超值住宿

● Wombat's City Hostel Berlin

　　許多住客留言說，這裡的早餐太完美了！是的，位在頂樓陽光的露台餐廳、飯店等級的早餐，是我每天最期待的時刻。Hostel的早餐食材再豪華也有限，但對於食材的用心無限，從水煮蛋就可見真章。水煮蛋可以把蛋丟入水後不管，最後撈起來就是水煮蛋。但Wombat的水煮蛋好剝殼、蛋黃沒有綠綠的硫化物、蛋黃和蛋白熟度完美，代表著廚師對不起眼的水煮蛋細心控溫、計時、針破每顆蛋的氣室、瞬間過冷水的結果。其他食材像麵包、多樣起司、WMF機器煮的咖啡，都讓我展開了完美的一天。

　　從各種面向來看，Wombat都是一間令人滿意的hostel，距離重要地鐵超近、門禁森嚴、房間乾淨、精品旅館等級的露台餐廳、從住宿到娛樂活動齊全的服務，一個晚上才不到台幣五百元，而早餐只要加價約台幣一百五十元。

　　● 交誼空間：★★★★☆，大廳舒適，每個人都有自己的角落。
　　● 廚房設施：★★★★★，有獨立一間全功能的廚房，鍋碗瓢盆廚具齊全。
　　● 床位舒適度：★★★★★，難得的漂亮木頭床舖，每張床都有小閱讀燈、插座跟置物板。

👉 電話：＋49-30-84710820。
👉 地址：Alte Schönhauser Str. 2, 10119 Berlin。
👉 www.wombats-hostels.com/berlin。

● St Christopher's Inn | Hostel in Berlin

　　歐洲年輕人旅行，少不了都會有夜店跟派對的行程，他們都住在hostel，所以乾脆把hostel變成夜店最省事。如果遮掉招牌，你一定會覺得這裡是一家夜店或酒吧，尤其晚上check in時，要先擠過舞池才能來到櫃檯前，超有違和感又有趣。晚上我常會寫遊記跟規劃行程的，拿著iPad到大廳，常常都被醉漢占據，讓我無處可去呀！

　　雖然是一間party hostel，但進入住房區後一樣安全、乾淨度都無可挑剔。它的位置好到不能再好，距離地鐵只有九公尺，又可以走到Alexander platz。撇開夜店風格強烈不談，在我心中屬於接近完美的hostel。

　　● 交誼空間：★★★★★，如果你喜歡熱絡的交友環境，這就是為你而設的hostel。

　　● 廚房設施：★★★☆，有堪用的小廚房。

　　● 床位舒適度：★★★★★，每個床都有小閱讀燈、插座跟置物板，以hostel來說房間特別大，床位間寬敞。

👍 電話：＋49-30-81453960。

👍 地址：Rosa-Luxemburg-Straße 41, 10178 Berlin。

👍 www.st-christophers.co.uk/hostels/europe/berlin。

CHAPTER

4

波蘭

物美價廉的美食國度

如果把歐洲切一半，中間是柏林，往東第一站就是波蘭。波蘭是東歐最大的國家，地大物博，除了觀光資源充足，它還是歐洲農產肉類的供應來源，即使吃得過癮，帳單仍然是意想不到的低。

在波蘭最主要的旅遊城市中，有大家最熟知的首都華沙（Warsaw）、北方的海港城市格但斯克（Gdańsk）、南方的歷史之都克拉科夫（Krakow），以及偏西的童話城市樂斯拉夫（Wroclaw），但這四個城市剛好一北一南一西，華沙位在中央，對自助旅行者來說很難完美地串連在一起。

波蘭行程規劃建議

建議分次遊玩，不要堅持環遊波蘭一周。

波蘭的交通是從華沙為中心延伸出去，由於經濟發展緣故，交通系統不算綿密，主要的旅遊城市之間的距離都不近，動輒花費四、五個小時車程，加上常常要先回到華沙再出發，想要一次走遍波蘭是比較浪費時間的做法。

第一次到波蘭時，我走的是雙城路線，波蘭最大的兩個城市——華沙跟克拉科夫。華沙因為是首都又是航班最多的地方，與其說慕名而來，不如說是必經之路。而克拉科夫則是波蘭最重要的旅遊點，波蘭的四大世界遺產有三個都位在克拉科夫，精采度遠遠超過其他城市。華沙與克拉科夫有高速鐵路相通，很容易成行。

第二次我人在柏林，朝波羅的海三小國前進，柏林往東可以經過樂斯拉夫，所以很順路地把當地列入旅遊名單之中。對我來說，波蘭除了克拉科夫非去不可外，其他城市可視情況而定，如何更有效率地規劃旅遊路線才是重點。

在沒有國界的歐洲，順路比較重要，平常從A國到B國需要簽證跟出入境時間，但在歐洲，到鄰國常常比到自己國家的首都還便利，實在沒有道理捨近求遠。

跟陌生人跨國共乘拼車到波蘭

半夜三點，我來到柏林一個杳無人煙的巨大停車場，它屬於城市的邊緣地帶。撇開四周環境冷僻不說，如果遇到歹徒，那真的是沒人可以求救。

等了好一陣子，停車場中出現一位冷峻臉孔的巨漢，我很猶豫是否要上前詢問他：「你也是BlaBlaCar的乘客嗎？」

後來，我確認這位身高兩百公分的彪形大漢是要跟我一起同行的拼車客，他是

一位在柏林工作的波蘭人。

　　很多波蘭人會到柏林工作賺錢，我聽過一個說法是「波蘭人很強壯，德國很多水電工都是波蘭人」，但我眼前的陌生人可是德國馬牌（Continental）的汽車工程師。

　　旅行時，接觸到其他國家的旅客多半是從事服務業的當地人，BlaBlaCar就不一樣了，像這位波蘭工程師是趁休假返鄉，開車的夫婦則是西班牙人，他們剛移居到柏林工作，準備去樂斯拉夫小旅行，順路載我們一程。

　　一路上，話匣子打開了，我終於可以跳脫「你是哪國人？去過哪裡玩？台灣怎麼樣？」這類制式話題。在車上，他們放棄用自己的母語對談，而是使用英文，遇到太有深度的話題，波蘭工程師還會先跟西班牙夫婦討論，再用英文解釋給我聽。

　　我們之中有三位男性，還有一位是馬牌汽車工程師，話題自然而然地帶到汽車產業。波蘭工程師跟我們揭示了電動車的未來，以及日本油電車的發展。身為台灣人的我覺得油電車是一個很棒的產品，西班牙人也對油電車很感興趣，但是現場唯一開過油電車的人就是我（而且還是在日本）。

　　波蘭工程師果然有馬牌技術的霸氣，他說：「油電車只是個半吊子的產品，因為人類的技術就可以完美充電，為何要做一半？」這句話在寫這本書的時候似乎已經快要成真了。

　　接下來，大家開始討論交通規則。西班牙先生說：「我們剛搬到柏林，發現德國人開車很嚴謹，但我一直很好奇的是，從德國到波蘭的超車規則是什麼？」

　　波蘭工程師指著路上一台台呼嘯而過的車子，分析給我們聽：「剛出發時大家都很注意超車禮儀，是因為在德國；開到兩國的邊界時，大家會有點不知所措，超車會頓挫；再到波蘭，違規超車行為就很理所當然了！」

　　工程師又說：「在這條雙線道上，我們這邊的馬路顛簸，但對向來車的柏油路超平整，你們可知道為什麼？

　　「因為有一年德國辦活動，很多人開車到柏林，德國人有錢，順便來個路平專案，所以開往德國的公路路況很好，反向往波蘭的路況很差。」

　　這段對話簡直上演了德國、波蘭兩國經濟實力，也反映了兩國人民個性的差異。此行我是到樂斯拉夫旅行，西班牙夫婦也是，他們還把《lonely planet》給我翻拍。而坐在我旁邊整整四小時的波蘭工程師就是土生土長的樂斯拉夫人，當車子到達終點前，我也已經把旅行功課都準備妥當了。

出發前，我沒有行程表，只把BlaBlaCar列在清單中，結果這個清單幫助我展開了一場意料之外的旅程。

你還記得自己第一次放棄跟團、自助旅行的經驗嗎？你還記得第一次搭乘廉價航空的新鮮感嗎？這次我也體會到以BlaBlaCar方式旅行的新鮮和刺激。

樂斯拉夫 －猶如置身童話街景的小矮人世界－

從柏林搭上共乘私家車到樂斯拉夫的路上，我一度懷疑自己是否上錯車，因為樂斯拉夫在彼此口中有不同的名稱，西班牙車主稱「布雷斯勞」（德語：Breslau）、波蘭人稱「樂斯拉夫」（波蘭語：Wroclaw，w不發音）。原來樂斯拉夫在歷史上曾有被德國併吞的紀錄，我不明就裡地用德語地名稱呼這個城市，未免有些失禮。但也因為處於兵家必爭之地，多元文化交流至今，造就了精采紛呈的城市樣貌。

雖然樂斯拉夫是波蘭的第四大城跟金融中心，但觸動旅行者的是它就像一座童話小鎮，色彩繽紛又充滿活力的中古世紀景色，吸引旅客不斷前來。

——樂斯拉夫小矮人（dwarf）——

一九八〇年樂斯拉夫的反蘇聯運動以小矮人作為象徵，成功推翻波蘭的共產主義政權。為何是小矮人呢？據說主事者用幫小矮人爭取權利為藉口舉辦了一場古怪遊行，實際上是為了聚集人群。

現在樂斯拉夫街頭有許多小矮人雕像林立，可說是非官方的城市代言人。走在城市之中，不經意地就會看到各式各樣的小矮人，有在銀行附近領ATM的、在冰店旁吃冰淇淋的、有醫生、郵差……各種職業大集合，粗估至少三百到四百隻。而在樂斯拉夫尋找小矮人似乎已經成為許多遊客有志一同的行動。

推薦景點

● 中央廣場（Rynek）

座堂山發展得早，從九世紀便開始，但歐洲的大規模城市大多建立於十三世紀左右，於是後繼的中央廣場取代座堂島，漸漸成為樂斯拉夫的城市心臟，而座堂島仍是宗教中心。跟所有的中央廣場一樣，周圍都是當時最花工夫建造的古蹟，正中間是新舊市政廳，現代人所需的商業活動跟餐廳也都聚集於此。我到歐洲時正逢聖誕節，此時原本空曠的廣場出現了聖誕市集跟絡繹不絕的遊客，相當熱鬧。

👍 開放時間：二十四小時。
👍 門票：免費。

● 座堂島（Ostrów Tumski）

　　這座島因被奧德河支流包圍而得名，橋梁串起座堂島及河上其他幾座小島，走上鐵橋，就可以見到橋的另一端有小小一塊地，布滿漂亮的古蹟。因為座堂島是樂斯拉夫最古老、最早有人居住的地區，積累下來的歷史也是最厚實的。島上最重要的景點聖約翰大教堂（św. Jana Chrzciciela）是樂斯拉夫的主教堂，也是波蘭第一座磚造建築。最先進的建築科技，往往會出現在大城市的重要建築上，可見樂斯拉夫與座堂島在當時的分量。

👍 開放時間：二十四小時。
👍 門票：免費。

● 樂斯拉夫大學博物館（Wroclaw University Museum）

　　許多歐洲背包客談到波蘭的美景都會提到樂斯拉夫，而全樂斯拉夫最美麗的地方，毫無疑問地，就是樂斯拉夫大學博物館（Wroclaw University Museum），在樂斯拉夫期間除了到處大吃喝以外，這是我花最久時間停留的地方。

　　大學裡面一共有四個部分可以參觀，包括Aula Leopoldina（巴洛克式集會場）、Oratorium Marianum（巴洛克式音樂廳）、俯瞰市區的頂樓，還有學術歷史博物館。

　　雖然名為大學博物館，實際上還是使用中的大學。在古蹟裡上課，讓這個建築變成活生生的教材。而在學校三百多年歷史中，曾孕育出十一位諾貝爾獎得主，算

是波蘭的哈佛或耶魯大學。我來到的這天剛好遇到畢業典禮，一堆金髮小鮮肉跟洋娃娃在撥穗、丟學士帽、跟家人擁抱，臉上充滿初生之犢不畏虎的光彩。

畢業典禮在巴洛克音樂廳（Oratorium Marianum）舉行，本來禁止遊客參觀，但也許工作人員看我是東方面孔遠道而來，特意使了個眼色，讓我進去。置身在前後左右無死角、像魔法一樣的夢幻壁畫前，我整個人都出神了，像是被釘在這幅畫面之中。

👍 開放時間：週四～週二10：00-16：00。
👍 門票：成人12茲羅提（PLN）、學生8茲羅提（PLN）。

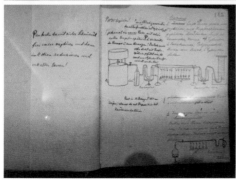

克拉科夫 －坐擁兩大世界遺產的歷史之都－

　　巴黎、羅馬、倫敦這些大城市，往往是一般人對歐洲的想像來源。事實上，波蘭的克拉科夫（Krakow）魅力完全不遜於這些觀光大城。

　　克拉科夫是十一到十四世紀波蘭帝國的首都，而且在第二次大戰的時候沒有經歷被戰火轟炸的命運，光是這兩件事其實就不得了！它保有中古世紀首都的建築、沒有經過翻修的古蹟群，在真實度上已經贏過百分之九十五的歐洲老城區；不像首都華沙，是在第二次大戰被炸翻的地方，修復能力又和德國有差，所以在華沙的老城區左看右看，總是覺得哪裡怪怪的。

克拉科夫自助旅行難易度		
項目	**難易度**	**說明**
市內交通	易	景點幾乎步行可達，兩大世界遺產雖在郊區，交通很便利。
行程規劃	易	Auschwitz集中營跟Wieliczka鹽礦是必訪景點，行程安排上很容易。
感官收穫	高	光是鹽礦跟教堂就大勝歐洲一堆知名景點。
治安情況	佳	可以悠閒地在街上任意行走。
基本花費	低	高CP值的肉食天堂。

克拉科夫適合自助旅遊的理由

1. 閉著眼睛都能計畫行程

　　對自助旅行初學者來說，克拉科夫實在太容易了。它只有兩個景點不在老城區裡，基本上你只要拿出地圖就能輕鬆漫步其中，不需要事先規劃。

　　到這裡一定要參觀的是維利奇卡鹽礦，其次是奧斯威辛集中營，它們不在市區，跟著旅遊團前往最便捷。當地幾乎每間旅館都有合作的旅行社出團，抵達時再詢問，或是隔天出發都來得及，不用傷腦筋。

2.「去過就值回票價」的絕讚景點

　　我去過全球三十三個國家，真沒想到會在這裡遇到世界級景點維利奇卡鹽礦，它的吸睛程度等同於羅馬競技場、聖家堂、羅浮宮。

　　常常有人問我，維利奇卡鹽礦跟奧斯威辛集中營之間該如何抉擇？我的回答是，選鹽礦就對了，光是看一眼就足夠震撼。奧斯威辛集中營凝聚著很多歐洲人的民族情感，走進去參觀時就需要多一點感性、多一點歷史知識，跟多一點英文聽力才行。

3. 食物便宜、料理美味，超合台灣人口味

　　我在歐洲旅行踏過十多個國家，每到一個城市，唯一不變的行程重點就是吃，吃得最精緻的是在法國，吃得最爽的則是在波蘭。在波蘭吃飯是直球對決，波蘭的農牧業發達，盛產豬肉、嫩鴨、鱒魚、金黃奶油、優質馬鈴薯。當地人沒有西歐和南歐那種繁複細膩的烹調手法，而是將食物烤得香脆、炸得香酥、奶油濃厚，呈現最原始的美味。

　　波蘭不愧是豬肉料理天堂，豬肉品質良好，這裡的廚師又非常會呈現料理的精髓。克拉科夫因為有很多西歐人前來度假，我覺得當地飲食文化比首都華沙還要精緻，但價格卻相當平實。所以，來到這裡，請務必選擇一家高級餐廳光顧，從前菜、主餐、甜食到酒一一品嚐，不用擔心花費太高。

4. 安全自在的度假環境

　　當地治安良好，讓我感到格外悠閒、放鬆，我常常半夜在外行走，都沒有感受到任何危險。畢竟這裡的觀光景點集中，所以警力很容易掌控。

推薦景點

1. 郊區

● 維利奇卡地下鹽礦（Wieliczka Salt Mine）

　　維利奇卡地下岩鹽礦，距離克拉科夫不到二十公里，是一個名列世界奇觀的景點。它從十三世紀開始開挖到二十世紀，目前是世界文化遺產之一，原本隸屬於匈牙利，當金加公主被許配給克拉科夫的皇室時，她向匈牙利國王要求把鹽礦作為嫁妝，這嫁妝也太神奇了吧！

　　地下鹽礦，對生活在四面環海的島嶼上的我來說是很難想像的奇景，對於吃過海鹽卻沒有鹽礦概念的台灣人來說，這裡根本就是外星人的異度空間。

　　大家不妨想像台北一〇一是一根巨大的鹽柱，但這根鹽柱不只是在地面上，而

且是深入地底的礦脈。礦工們沿著這條鹽柱一層一層往下開挖，挖得很深，我在進入鹽礦時就走了五十幾圈的旋轉梯，還經過無數扇木製大門，這是為了防止外面的濕氣進入鹽穴，毀了裡面的鹽雕。

維利奇卡地下岩鹽礦總共開挖成九層，深三百二十七公尺，全長兩百八十七公里（可以從台北一路鑽到高雄），猶如電影《魔戒》中矮人地底世界的真實版。鹽比起煤礦或金礦更有可塑性也更大塊，於是礦工在鹽裡（不是在地底的岩石中開鑿喔！是在鹽中開鑿）鑿出了四十多座教堂、鹽湖泊、可坐船的鹽河流、通風系統、運輸系統，其中最讓人震撼的是聖金加教堂大廳，可以容納幾百人不成問題，而且不只鑿出一個灰白色的空間而已，地面還煞有其事地「刻」上地磚。地磚實際上就是把地面的鹽雕出磁磚的紋路，一體成形，而非一塊塊貼上，導覽員用手電筒對著磁磚證明，整片地板還透著光。大廳四面也都是鹽的浮雕跟十字架，包含一幅鹽版名畫〈最後的晚餐〉，連天花板吊燈也是鹽的結晶，從天花板一體成形到地板。

由於整個空間都是鹽的結晶，有些地方加上流水，色澤完全不像在地球上會看到的場景。另外也有礦工工作的區域，有如變形金剛高聳的木作支撐起巨大的空間，各種器具機關跟模擬的地底作業，場面都異常壯觀。

👍 開放時間：四月～十月09：00-18：00，十一月～三月09：30-15：00。

👍 門票：自行前往，成人75茲羅提（PLN）、學生60茲羅提（PLN），但進入鹽礦內一定是跟隨導覽團，也可在克拉科夫跟團。

👍 www.wieliczka-saltmine.com。

● 奧斯威辛集中營（Auschwitz）

這座集中營是另一個值得前往克拉科夫的理由，和老城區、維利奇卡地下鹽礦組成克拉科夫的旅遊鐵三角，其中任一個景點都足以支撐起一個觀光城市，但卻在這裡會合了。

奧斯威辛集中營建於一九四〇年，五年間有一百一十萬人在此被殺害，蘇聯紅軍抵達時只剩下七千六百五十人存活。一百一十萬人是什麼概念？在二十一世紀人口暴增的克拉科夫也不過七十萬人口。一九四〇年代奧斯威辛集中營的人口足以成為現在波蘭的第二大城。人們被運抵集中營後，要剃髮、集體脫衣沖水消毒、繳收個人物品，兒童、老人與殘疾人士也被「淘汰銷毀」，剩下的人只有三種用途，勞動、作為生化實驗品跟被屠殺。現場除了看到各種刑場跟雞籠般的囚房，還有被納粹繳收的大量頭髮辮子、兒童的玩偶、成堆的皮箱、各種義肢拐杖，我們都知道這些恐怖畫面背後代表的是什麼，讓人不禁深思人類的黑暗面。此外，這不是一個容易理解的景點，對沒有身處過歐洲二戰跟猶太人屠殺歷史事件國度的人比較有距離感，集中營內文字介紹較少，需要有一定的聽力才能聽懂英文導覽；就算聽懂了，心情也不會太好。

👉 開放時間：十二月～二月08：00-15：00；三月～十一月08：00-16：00；
　　四月～十月08：00-17：00；五月～九月08：00-18：00；六月～八月08：00-19：00。

👉 門票：個人免費，可至官網查看特別進入時段。建議參加英文導覽：成人60茲羅提（PLN）、學生55茲羅提（PLN）。

👉 www.auschwitz.org/en。

2. 老城區

走在克拉科夫市區，就是走在一座真實且完整的中古世紀老城區，城堡、老街、教堂及世界第一座市集，一應俱全。

到了老城區，不一定要買門票參觀那些古老的建築。其實波蘭在保存古物的細緻度跟力道較不足，看到雕梁畫棟跟珍寶的機會不多，加上中古世紀歷史複雜，又沒有淺出深入的導覽提供給遊客，所以沒有太多難以取捨的付費景點，看著歷史建築的外觀已是最大的享受。重點可以放在中央市集廣場、紡織會館、聖母聖殿、石頭聖雅德教堂、皇家之路跟火龍雕像，除了火龍，它們剛好都聚集在一處。

● 聖母聖殿 (Kościół Mariacki)

論規模，聖母聖殿在克拉科夫僅次於瓦維爾主教堂，但聖母聖殿肯定是最知名顯眼的。八十公尺的教堂高聳在中央市集廣場，在當地是十分吸睛的建築。

在克拉科夫期間我常會經過廣場，發現每隔一段時間就會有人聚集在聖母聖殿前，聽著零零落落的號角響起，一問才知道是進行某個紀念儀式，紀念十三世紀蒙古人來襲，一個在鐘樓上吹奏號角警告民眾，而被蒙古騎士一箭射穿喉嚨的號角手。

雖然教堂外面聚集很多人，但我待在裡面最久，以土耳其藍、金色為主體的哥德式教堂是前所未見的裝潢風格，即使看過上百間歐洲教堂，看到眼前的畫面，還是十分難忘。

👉 開放時間：

　教堂：週一～週六11：30-18：00，週日14：00-18：00。

　塔樓：五月～八月週二、週四、週六 09：00-11：30、13：00-17：30。

👉 門票：成人10茲羅提（PLN）、學生5茲羅提（PLN），取得攝影許可是5茲羅提（PLN）。

● 中央市集廣場（Rynek Główny w Krakowie）

　　一九五七年成形的中央市集廣場，是波蘭在中古世紀時的貿易及文化中心，所以最華麗、最具文化價值的建築都座落在此，有不少餐廳、商家，許多節慶活動也在此舉行。站在占地四千平方公尺的廣場前，讓我有一種豁然開朗的感覺，身心頓時舒暢起來。

👍 開放時間：二十四小時。
👍 門票：免費。

● 紡織會館（Sukiennice）

　　很多廣場中間是空地，但克拉科夫的中央市集廣場比較特別，正中央是一座有氣勢的古代商場，也就是紡織會館，廣場彷彿是為了烘托這棟建築而存在。從十三世紀開始有兩排店舖在此做全世界的生意，之後規模擴大到蓋起屋頂，漸漸成為如今的模樣。現在上下層都被改建成博物館，但好玩的是一樓店舖仍然正常營業，可以跟中古世紀的商人走在相同的路上購物。主要特色商品是琥珀、木雕等等，我覺得木雕產品還滿值得考慮購買的。

👍 開放時間：二十四小時，但商家通常10：00-18：00營業。
👍 門票：免費（參觀外觀及商場）。

● 皇家之路（Droga Królewska）

　　這不是一個景點，而是老城區最精華的一條道路。克拉科夫的付費景點如城堡、博物館，不一定要走進去參觀，因為克拉科夫最棒的是走在這座古城中，而皇家之路就是最主要的路線。在車站下車後，穿過佛洛里安城門（Florian Gate）進到老城區，經過甕城（Kraków Barbican）來到中央廣場，再由廣場西南的城堡之路

走向瓦維爾城堡（Wawel Castle），中間會經過七座教堂，一路上不是只有莊嚴優雅的古蹟可以欣賞，還有各式文創小店及餐廳提供各種美味料理。

👍 開放時間：二十四小時。

👍 門票：免費。

● 石頭聖亞德伯堂（Kościół Świętego Wojciecha）

第一眼看到這座聖亞德伯堂，對比氣派宏偉的中央廣場，心想怎麼有一座外形營養不良的教堂，而且位置很怪，不置中又不靠邊對齊，方位歪斜地擋在路中央呢？打聽之後才知道格格不入的原因。它跟這個廣場周圍的古蹟來自不同年代，是已有一千多年歷史的古老石砌教堂。儘管教堂周圍的建築不斷翻新，唯獨它屹立不變。

👍 開放時間：09：00-17：00。

👍 門票：免費。

● 克拉科夫火龍與龍穴（Dragón de Wawel & Smocza Jama）

皇家之路走到底後，繼續往下走到河邊綠地，就可以見到瓦維爾城堡下有個火龍雕像。克拉科夫流傳著一個神話故事，瓦維爾山下有條惡龍，每個月祭祀時都要獻上一名少女給牠（吃），等到整個城市只剩下國王的女兒Wanda時，國王決定昭告天下，請勇者來除掉惡龍。最後一名小鞋匠Skuba用計讓惡龍吃下塞滿硫磺的羊，在河邊喝水喝到撐死……故事沒什麼好認真的，但雕像後還真的有個洞穴，傳說是龍穴，增加了故事的懸疑性跟真實感。

我在網路上看別人照片中的火龍雕像是可以噴火的，但我在寒冬的夜晚走到火龍旁邊想要拍照時，一直沒有出現火焰。也有幾個外國人跟我一樣感到疑惑，大家開始議論紛紛：「聽說要把雪球丟進火龍口裡」、「雕像後應該有開關」、「你看龍嘴有管子，應該是瓦斯管……」於是一群人丟雪球超過一小時，還在雪地裡匍匐找開關，結果什麼也沒發生，原來火焰只是冬天晚上沒人潮沒開……

👍 開放時間：雕像二十四小時，但龍穴提供參觀導覽，四月、九月、十月10：00-17：00；五月～六月10：00-18：00，七月～八月10：00-19：00。

👍 門票：雕像免費；龍穴導覽成人3茲羅提（PLN）。

華沙 －以重建精神聞名的復活城市－

提起華沙，浮現的場景常常是蘇聯鐵幕、第二次世界大戰、猶太人……但是走在路上，我看到華沙人其實滿歡樂跟懂得享受生活的，到處都是美食、飲酒，一副歌舞昇平的景象。

華沙老城區

一開始我並不知道第二次世界大戰的時候，整個老城區曾被敵軍轟炸、摧毀殆盡，走進老城區，只感到些許不對勁，像是真的古蹟，但新舊太過一致，看起來假假的。但是陸續聽聞當地人在市容全毀後，盡量撿起建築殘料，重建城市的努力後，我才發覺它可能比真實的古蹟更珍貴。

現在聯合國教科文組織已將這裡列為世界遺產，不光是它具有歷史價值，也是彰顯當地人修復古蹟的精神。

● 華沙起義博物館（Muzeum Powstania Warszawskiego）

這間博物館是一個華裔老友介紹給我的，他已在華沙落地生根，當地波蘭朋友們常在他耳邊說：「一定要去華沙起義博物館呀，它是華沙歷史的精華。」參觀過以後換成他在我耳邊叨唸：「一定要去呀！」

整間博物館只講一段歷史，這段歷史是華沙的平民起義反抗德軍六十三天，造成百分之八十五的當地建築摧毀，九十萬市民逃到只剩一千人。原本俄軍慫恿華沙人反抗德軍，緊要關頭卻是冷眼旁觀，想要撿好處。

在反抗期間，波蘭人民躲在下水道中，利用下水道突襲和撤離，五千名民兵想要從這裡逃跑，但德軍用槍口對準每一個出口，最後有四千多人喪生。光是為了這一段情節，起義博物館裡就真的蓋了一座下水道，生動模擬當時撤退的情境，走在下水道時，還伴隨著槍聲跟逃難人們細語的錄音。

整個博物館時不時見到小學和中學生正進行校外教學，這段歷史也是波蘭國民教育中重要的一環。

👉 開放時間：週二、週三、週五～週日10：00-18：00，週四10：00-20：00。

👉 門票：成人25茲羅提（PLN），週日免費。

● 科學文化宮（Pałac Kultury i Nauki）

　　這個來自蘇聯的「贈禮」，占據中央車站旁邊的精華位置，是一九五〇年代冷戰蘇聯統治的象徵。許多鐵幕國家都曾被贈予這樣一座史達林式建築，但由收禮的國家自己出工出錢。當然，波蘭人對此全無好感，嘲笑它的外形是史達林注射器，獨立後還一度想要摧毀此建築。但老實說，即使是一九五〇年蓋的，現在還是華沙最高而且看起來最屬害的建築，所以戰後百廢待興的波蘭最後還是決定把它留下來。

　　走到內部反差很大，像是里民中心，很多人準備運動，還有青少年正在舉辦活動，裡面有博物館、大禮堂、游泳池、電影院等設施。

👉 開放時間：週日～週四 09：00-20：00，週五～週六09：00-23：00。
👉 門票：免費，觀景台20茲羅提（PLN）。

私房美食

● Bar Mleczny牛奶吧：平民美食大匯集的公共餐廳

　　很多城市都有牛奶吧（Bar Mleczny），它是最容易讓旅人不走冤枉路就能找到的波蘭平民美食。當我來到樂斯拉夫市區的Bar Mleczny，街道上很冷清，但是這家Bar Mleczny卻整個爆棚，果然是超受當地人歡迎的餐廳。店裡沒有英文菜單，也沒有會講英文的店員，這正是吸引背包客的地方，可以吃到當地人才知道的巷內美食。

　　我是靠著遠遠偷拍別人的菜，放大給店裡的波蘭大媽看才點好菜的。當天整個

餐廳擠滿身材高大又飢腸轆轆的波蘭人，都一路排到門外了，倘若點菜不夠果決，卡住後面的人龍，可是會有很大的壓力。

　　我點的是波蘭酸湯、厚實的波蘭炸豬排，還有波蘭人引以為傲的馬鈴薯泥、一杯傳統紅色糖水（實在不知道名字），這個組合總共才一百元台幣，CP值也太高了。

　　Bar Mleczny是共產時代下的產物，波蘭每個城市都有。波蘭政府為了改善人民營養不足的問題，提供了公家預算補助，以牛奶吧作為食物供給處，除了價格便宜外，料好、湯濃、肉大塊也是必備的。這項補助至今仍未停止，牆上的菜單價格是活版拼成的，這是因為政府每個時期補助的比例會變動，所以價格經常會變動。

👉 營業時間：各家不同，通常上午就會開始，有時只供餐到下午，請務必事前確認。

👉 美味推薦：炸豬排（kotlet schabowy）、波蘭酸湯（Żurek），分量大、料理不馬虎。

👉 消費水準：低價位。

👉 地址：華沙店—Hoża 19, 00-521 Warszawa。

　　　　克拉科夫店—ul.Grodzka 43, Krakow 31-001。

　　　　樂斯拉夫店—Kuźnicza 48, 50-120 Wrocław。

● Folk Gospoda：品嚐道地波蘭菜的升級版餐廳

　　如果你喜歡道地波蘭菜又不追求低價，不妨造訪更精緻一點的餐廳，Folk Gospoda就是華沙技術派餐廳（就像波蘭版欣葉台菜），價格稍高，但也不過是台灣稍好餐廳的價格。波蘭以豬肉聞名，店裡自然也有豪邁的豬肉料理。

　　「Golonka」這個字是波蘭的傳統豬腳，在波蘭是大菜，所以波蘭朋友請我吃大餐時自然點了這道菜。除了醃料加入啤酒跟台灣的做法不同以外，整隻豬腳醃製後先油炸，再逼出多餘油脂並定型，最後再用火烤出金黃酥脆外皮，外酥內黏的口感，跟台灣傳統辦桌宴席上的豬腿味道很像，只是波蘭的豬種似乎更香嫩可口。

👍 營業時間：12：00–24：00。

👍 美味推薦：Golonka（波蘭傳統豬腳）。

👍 消費水準：稍高價位。

👍 電話：＋48-22-890-16-05。

👍 地址：Waliców 13, 00-865 Warszawa。

👍 www.folkgospoda.pl。

● Karpielówka木屋餐廳：當地留學生推薦的聚餐熱點

　　在波蘭料理中，蘋果似乎無所不在，某天中午，我一個人在Karpielówka就吞了半隻蘋果烤鴨、伏特加、蘋果釀威士忌、啤酒，還有超扎實的蘋果派。

　　蘋果烤鴨是波蘭菜的代表，用蘋果充填鴨腹後放入烤箱，搭配醃大頭菜、鬆軟的炸馬鈴薯塊，放在豪邁的鑄鐵鍋上桌，十分爽口。但跟我記憶中的各種鴨肉比起來，港式燒鴨和北京烤鴨的油脂比例更順口，也許是西方人本來就喜歡乾爽的禽肉（例如雞胸肉），這沒有優劣之分，而是料理方式不同。

　　在用餐過程中，俏皮的服務生不停找機會前來勸酒，烤鴨上桌了，他立刻說：「波蘭人吃烤鴨一定要配伏特加！」除了高濃度的伏特加，波蘭人也喜愛各種私房

秘方釀製的酒類，所以服務生還推薦了一杯蘋果威士忌給我。

　　我最抵擋不了當地人的推薦，但是如果你問我：「伏特加跟蘋果烤鴨口味合嗎？」當然沒有，大概是波蘭人愛喝酒，喝什麼都硬說搭啦！

　　這家餐廳是我從當地的台灣交換學生打聽而來的，它的裝潢特殊加上料理好吃，是很多波蘭人相約聚餐的愛店，顧客以當地人為主。由於並不位在觀光區，交通上要考量。

👍 營業時間：12：00–23：00，週日、週一、週二12：00–22：00。

👍 美味推薦：Karpielówka duck with stewed apples（招牌蘋果烤鴨）。

👍 消費水準：中價位。

👍 電話：＋48-22-644-85-10。

👍 地址：Gandhi 11, 01-999 Warszawa。

👍 www.karpielowka.com.pl。

● Stara Paczkarnia：
暖心的波蘭多拿滋

　　我在旅行中對兩件事很敏銳，一是察覺危險，二是美食。當我在樂斯拉夫看到這間店時就覺得很可疑，整排店家之中，只有這家不知賣什麼的店滿滿都是人潮？而且等在門口的客人都是一臉熟客來重溫美味的表情，很多人還是算好出爐時間前來的老饕。

　　排了一陣子隊伍終於輪到我了，我咬下一口Paczki（波蘭多拿滋）之後，發現「天呀！也太好吃了吧！」在寒冬的冬天，手中握著溫熱的多拿滋，外層是糖霜包裹炸得油酥的表層，蜜糖還滲進油酥中，中間是柔軟的麵包口感，裡面鑲有罌粟餡料，明明不是螞蟻人的我，竟然被它給勾魂了！

　　店裡的餡料選擇很多，大約有二十幾種，像是巧克力、桃子、藍莓、花生醬等，恨不得每一種都買來品嚐。

👍 美味推薦：Paczki，各種餡料都可以嘗試，我點的是Poppy（罌粟花）口味。

👍 地址：
華沙店─Nowy Świat 28, 00-373 Warszawa（8：00-19：30，週六、日10：00-20：00）。
克拉科夫店─Stradomska 18, 33-332 Kraków（週一～週五08：30-21：00）。
樂斯拉夫店─ul. Kuźnicza 25, 50-138 Wrocław（10：00-20：00，週六休息）。

👍 starapaczkarnia.pl。

● Restauracja Starka：克拉科夫數一數二的王牌餐廳

　　克拉科夫有很多精緻講究的餐廳，同樣是波蘭菜，但氣氛、擺盤、食材都不一樣，Restauracja Starka即是其中之一。來到這裡，建議大家點一道店裡的招牌菜——黃金脆皮無骨豬膝，光讀菜名就讓人銷魂。無骨又脆皮的豬膝足足有五百公克重，皮超脆，烹調處理得非常好。

　　台灣人的「脆」跟「酥」是兩個不同的字，但對於西方人來說都是crispy，似乎沒分那麼細。我一直覺得波蘭人對肉類的要求很像台灣人，脆是比酥更高級、難掌握的口感，而桌上這道crisp skin就是像北京烤鴨那般脆，而不是肯德基的酥，可見廚師對口感的掌握非常細膩。

☞ 營業時間：12：00-23：00，週五、週六12：00-24：00。

☞ 美味推薦：Boneless pork knee with crisp skin 500g（黃金脆皮無骨豬膝）。

☞ 消費水準：中價位。

☞ 電話：＋48-12-430-65-38。

☞ 地址：Józefa 14, 31-056 Kraków。

☞ www.starka-restauracja.pl。

● Polskie Smaki：
平價又菜色齊全的波蘭家常菜

如果你也跟我一樣，旅行時想盡量品嚐當地代表性的食物，一定要記住這間Polskie Smaki，它是一間低價卻常被討論的餐廳，在別處一次點不齊的波蘭代表菜，這裡通通都有。在波蘭最後幾天，我還有幾道口袋名單的料理沒吃到，不惜以一天吃五餐的方式進出Polskie Smaki，就是為了吃好吃滿。它的環境乾淨舒適，而且就在老城區中，步行前去很方便。

這間餐廳提供各種菜色，我分次點了鱒魚、波蘭獵人燉肉、炸豬排等等招牌菜，美味度大概八十～八十五分。波蘭因為河川流域廣大、河水清淨少汙染，所以鱒魚入菜十分出名。燉肉則是一道適合冬天的家庭傳統菜，把豬肉、牛肉、捲心菜切碎，加上蘑菇、李子、洋蔥、香腸等各種你想得到的食材通通下鍋，燉煮幾小時或一、兩天後再吃。雖然一看就是清理冰箱或物資缺乏時期的智慧結晶，我也沒有期待會很精緻，但美食之旅除了追求食物美味外，有機會品嚐異國料理，了解它們的烹調方式也很有價值。此時吃的不是美味，而是當地人的生活體驗。

👍 營業時間：09：00-22：00。

👍 美味推薦：Plish Bigos（波蘭獵人燉肉）、Trout fish fried in Butter（奶油煎鱒魚）。

👍 消費水準：低價位。

👍 電話：＋48-12-429-38-69。

👍 地址：więtego Tomasza 5, 31-014 Kraków。

👍 www.polskie-smaki.pl。

● Przypiecek：二十四小時營業的波蘭餃子館

　　清晨出門準備離開克拉科夫，想起這趟還沒吃到波蘭餃子，沒想到眼前竟然出現一家二十四小時的餃子專賣店，上網一查，還在老城區很有名。聽到餃子，就讓台灣人備感親切，但不同的是波蘭餃子的內餡創意無極限，這家餃子館有跟台灣一樣的豬肉餡、西方常見的菠菜乳酪餡，還有我們意想不到的蘋果酸奶油、草莓、鮭魚菠菜、鹿肉等等，一盤十顆約十五～二十PLN。牆上菜單常有口味塗改，可見老闆創意爆發，菜單都來不及印。可不要覺得這間餐廳搞怪，餃子餡料對波蘭人來說本來就沒有規矩，只是一般餐廳不會提供那麼多口味，但在Przypiecek總算是大開眼界。

　　我點了豬肉水餃淋肉醬，豬肉餡是波蘭餃子的經典款。餃子端上來第一口我就愣住了，然後暗自露出詭異的微笑。它的外觀跟台灣的餃子有八成像，肉醬根本就可以拌成台灣滷肉飯。我心想，會不會波蘭人跟台灣其實有血緣關係？因為連波蘭豬腳（Golonka）都跟台灣豬腳類似。

　　在餃子皮的部分，雖然像台灣餃子，但口感差很多。我吃過不止一家波蘭餃子，不管是煎還是煮，餃子皮破掉是很正常的，嚼在嘴裡比較厚、粉、沒有彈性，而台灣水餃明顯皮較薄又有彈性。或許是麵粉不一樣，波蘭餃子應該用的是低筋麵粉吧（台灣用高筋）！

👍 營業時間：二十四小時。

👍 地址：Sławkowska 32, 31-014 Kraków。

👍 電話：＋48-12-422-74 95。

👍 przypiecek.pl。

超值住宿

● Pink Panther's Hostel（克拉科夫）

這間hostel是粉紅色的大廳主題，位置超棒，就在中央廣場旁邊，非旺季住一晚才不到五百元台幣。克拉科夫的老城區不大，而且都是古蹟，能位在老城區內的hostel並不多。老城區除了古蹟跟車輛無法進入，由於普蘭提綠帶公園將大城市的氣息隔絕在外，裡面的氣氛也迥然不同。

這間hostel每天都舉辦各式主題活動，像是烤馬芬、雞尾酒派對、波蘭式PIZZA趴，舒適熱絡的交誼氛圍是一大特色。某天圍著雞尾酒噴泉，大家正酒酣耳熱時，staff偷偷告訴我，雞尾酒裡其實沒有酒精，但是大家信以為真，一喝就high，笑死我了！

- ● 交誼空間：★★★★★，每晚staff會帶領熱絡的交誼，有門禁管制。
- ● 廚房設施：★★★☆，小巧堪用的廚房。
- ● 床位舒適度：★★★★，很乾淨，可惜不是每個床位都有插座跟夜燈。

👍 電話：+48-690-960-008。
👍 地址：więtego Tomasza 8, 31-014 Kraków。
👍 pinkpanthershostel.com。

● Hostel Wratislavia（樂斯拉夫）

走典雅風格的hostel好像來到一個有品味的紳士家裡，雖然我住在便宜的宿舍房，但每個床位各據一角，沒有塞滿床架，讓背包客們彼此之間可以保持適當距離。黑色的床架，搭配磚牆跟古典造型的白窗，窗外是綠樹，提升了不少空間美感，連我自己家裡都想裝潢成這樣了。餐廳跟大廳設計也很典雅，有品味的格子地板加上各種色彩的躺椅、臥榻，每一處都讓人忍不住想多待一會。

- ● 交誼空間：★★★★★顆星，舒適、不嘈雜，適合喜歡安靜的旅人。
- ● 廚房設施：★★★★☆顆星，堪用的小廚房。
- ● 床位舒適度：★★★★☆顆星，氣氛和布置像是精品套房。

👍 電話：+48-71-360-08-22。
👍 地址：Komuny Paryskiej 19, 50-451 Wrocław。
👍 www.hostel-wratislavia.pl。

● Oki Doki City Hostel（華沙）

　　這是一間很有個性的hostel，一進門就是一座巨胸的美人魚雕像，hostel在市中心擁有整座建築，所以能夠任意地裝潢，每個角落梯間都可能出現不知名的壁畫，或改造成給大家休閒聊天的小空間。裡面的設施方便，有特製的家具，此外每個床位都有插頭、置物箱和夜燈。

　　Oki Doki位在一個頗完美的地點，十五分鐘可以走到老城區，十分鐘可以走到中央火車站，路上還會經過科學文化宮，地鐵就在旁邊。

　　● 交誼空間：★★★☆，交誼空間頗多元，但staff比較顧不到住客間的氛圍。

　　● 廚房設施：★★★★☆，漂亮有設計感的廚房，還結合座席區。

　　● 床位舒適度：★★★★，設施便利，但質感稍差。

👍 電話：＋48-22-828-01-22。

👍 地址：Plac Jana Henryka Dąbrowskiego 3, 00-057 Warszawa。

👍 okidoki.pl。

東歐經典旅遊路線金三角

捷奧匈

捷克、奧地利、匈牙利是非常經典的歐洲旅遊路線，尤其三國之間的首都布拉格、維也納及布達佩斯彼此很靠近，是自助新手第一次在歐洲旅行的完美起點。

布拉格輝煌悠閒、維也納高貴古典、布達佩斯神秘隨興，精采是必然的，不用擔心這趟旅程值不值得（在歐洲真的會有選擇過多的煩惱），而且參考資訊夠多，規劃行程時不愁找不到資料。

布拉格 —遠近馳名的旅遊熱點—

布拉格自助旅行難易度		
項目	難易度	說明
區內交通	中	交通簡單，但大量步行略需腳力。
行程規劃	中	景點頗多，需安排有效率的規劃路線。
感官享受	高	歷史景點不輸給巴黎、倫敦等歐洲觀光首選城市。
基本消費	中	近似台北，但CP值更高。
治安情況	中	遠優於西歐觀光大都會。

布拉格適合自助旅遊的理由

1. 能延伸到維也納及布達佩斯，輕鬆完成跨國旅行

維也納到布拉格只有兩百九十一公里，在沒有國界的歐洲，路程之簡單，就好像從台北搭統聯到高雄一樣；從維也納到布達佩斯也是一樣容易跟快速。

推薦搭乘Student Agency巴士，從布拉格到維也納，一天多達十班，只要約六百塊台幣，車程四小時。

2. 歷史古蹟媲美巴黎、義大利一級風景區

布拉格雖然國力不再強盛，但旅人到這裡瞻仰的是它的過去，可以一睹城堡、藝術品、古城等歷史的輝煌，又沒有巴黎、米蘭這些近代大城市的高昂物價。

3. 花費低、治安佳，比西歐、南歐觀光大城更友善

布拉格消費平實，跟台北市相當，只要普通的花費，就能看到世界最大的古堡群，吃的是高檔的西式餐飲，由西裝筆挺的帥氣職人服務，CP值很高，讓你花錢不手軟。

　　布拉格的治安中等，雖然需要小心扒手，但還不用太緊張。但畢竟人多混雜，還是希望新手們注意，尤其是在春夏旅遊旺季，更要小心。

4. 行程規劃中等複雜

　　布拉格景點雖然集中，但整個觀光區域很大，有老城區、新城區、猶太區，過了查理大橋還有城堡區，必須稍微把路線排順，多利用大眾交通工具，以免腳力撐不到最後。景點多，也代表需要仔細研究遊覽內容跟門票，做出取捨。

　　此外這裡名氣夠，裡子也實在，旅行難度與費用都低。

布拉格交通票券介紹

票種	票價	用途
30mins	24CZK	單次票，打卡後三十分鐘內有效（短程）。
90mins	32CZK	單次票，打卡後九十分鐘內有效 （到郊區或轉車時間較久）。
1 day pass	110CZK	開始使用後二十四小時內有效。
3 days pass	310CZK	開始使用後七十二小時內有效。

倘若一天單程超過四次以上，建議直接購買Day pass。

布拉格行程規劃建議

　　布拉格的旅遊區域由伏爾塔瓦河切成兩半，很好分辨，就是查理大橋的西岸跟東岸。如果地圖上方是北的話，橋的左邊是城堡區跟小城區，右邊是猶太區、舊城區及新城區。這五個區加起來不是整個大布拉格，僅以觀光區域來說就有這麼多。

1. 短天數玩法

　　不需要交通工具，步行遊覽老城區跟城堡區。

　　歐洲城市很常見的是老城區，它是平民生活的核心，包含中古世紀主要的教堂、廣場及市政廳等。皇宮貴族的居住地，是過了查理大橋的城堡區。布拉格大多數也最具代表性景點都在這兩個區域。

2. 長天數玩法

　　前兩天先步行遊覽老城區跟城堡區，然後購買三日券，一口氣暢遊小城區、猶太區、新城區跟高堡區。

　　其實步行走完布拉格六區是可以的，任何一個區域之間距離最多三公里。問題是離開舊城區跟城堡區之後，景點跟景點之前會變得分散，走起來特別累，不如把體力留在刀口上比較實際。

　　住宿建議找黃線地鐵，在前兩天步行走完老城區跟城堡區後，可以用比較節省時間的方式搭乘黃線到猶太區、小城區，甚至到高堡區也是可以的。

推薦景點

1. 老城區

布拉格舊城區的景點全部都是重點，是這區的屬害之處。

● **老城廣場**

（Staroměstské náměstí）

這裡就是蔡依林MV中的「布拉格廣場」，只要走到這裡就可以將泰恩教堂、舊市政廳、天文鐘、聖尼古拉斯教堂等景點一網打盡。

👍 開放時間：二十四小時。

👍 門票：免費。

● **泰恩教堂（Týnský chrám）**

建於一三六五年，是舊城廣場最古老的建築。一開始看到它詭異的風格時有點心驚，但也讓在歐洲看教堂看到眼睛快長繭的我眼睛一亮。教堂正面看起來像兩支囂張的火把，近看各種石刻裝飾繁複，黑色系的外牆就像是黑暗版的米蘭大教堂一樣，原來泰恩教堂還真的又被稱為「惡魔教堂」。

👍 開放時間：三月～十二月週二～週六10：00-13：00、15：00-17：00，週日10：00-12：00。

👍 門票：免費。

● **天文鐘**（Pražský orloj）

　　這是一座鐘樓，包含頂部一具非常精緻的機械鐘，有古科學機械元素，可看性很高，讓我印象十分深刻。

　　為什麼叫天文鐘，而不只是普通計時的鐘呢？因為它採用當時仍是主流的「地球中心說」設計，也就是地球是宇宙的中心，太陽、月亮和星星都是繞著地球轉的。複雜的鐘面除了有星座跟日出日落的時間，每天早上九點到晚上九點間整點，都會有耶穌的十二位門徒木偶從大鐘出來走秀，超級迷人。

👍 開放時間：週二～週日09：00-17：30，週一11：00-17：30。

👍 門票：免費（參觀外觀）。

2. 城堡區

　　布拉格城堡群，也就是城堡區，是全世界最大的古堡群。到城堡區遊覽時，不管是逛城堡區還是和小城區一起，最好安排一整天行程比較從容。

● **查理大橋**（Charles Bridge）

　　經常有人形容「金色布拉格」，指的不是布拉格這個城市金碧輝煌，而是從查理大橋上觀看伏爾塔瓦河在夕陽映照下的美景。

　　建造於十三世紀，在十五世紀完工，為捷克第二古老的石橋，曾經馬車、汽車跟電車都可以通行，可見建橋規模之大，直到二十世紀才為了保護古蹟改為只限步行。這座橋本身就是十分精緻的哥德式建築，全長六百公尺，橋上有三十個雕像，出自十七世紀巴洛克藝術大師的作品，走完大概要花十五分鐘的時間，就像走訪一座小型露天美術館。其中最古老的一尊是告解神師楊內波穆克（Jan Nepomucký）雕像，相傳楊內波穆克因為不願透露王后的告解內容給國王，而被從查理大橋上丟下河而死。因為是橋上最受歡迎、被摸得亮晶晶的一座小雕像，你一定可以找得到它，據說摸了它會帶來好運跟守住秘密。

👍 開放時間：二十四小時。

👍 門票：免費。

● **聖維特大教堂**（St.Vitus Cathedral）

　　經過三次擴建跟改建，分別是十世紀、十一世紀以及從一三四四年開始在原基礎上建造目前的哥德式聖維特大教堂，直到二十世紀初才蓋好，一蓋就蓋了六百～八百年。但這種蓋很久的建築，很容易受到不同時代的風潮影響，所以夾雜了文藝復興時期與巴洛克風格等元素。

👍 開放時間：十一月～三月週一～週六9：00-16：00，週日12：00-16：00。四月～十月週一～週六9：00-17：00，週日12：00-17：00。

👍 門票：包含在布拉格城堡A通票（成人350克朗）和B通票（成人250克朗），登上南塔樓需另支付150克朗。

3. 小城區

● **約翰 · 藍儂牆**（John Lennon Wall）

　　搖滾巨星約翰 · 藍儂過世後，捷克人自發性地在這面牆上塗鴉做紀念，後來成為憤青們抒發意見的空間，最後導致這面牆充滿藝術氣息，但最格格不入的卻是約翰本人的白底畫像。

　　此處並非小城區的鬧區，在傍晚時分的燈光照射下，瀰漫了一股藝術氣息，像是在黑暗中一道溫暖的光束。這個景點的評價視個人感受而定，對我來說則是五顆星，所以靜靜地站在彩牆旁，消磨了一個晚上的時光。

👍 開放時間：二十四小時。

👍 門票：免費。

4. 新城區及猶太區

　　新城區與老城區只隔了一條路，但多數遊客不會走到此處，算是當地人居住的地區，景點比較偏向現代人文風，像是充滿藝文氣息的慕夏博物館跟國家歌劇院，以及瓦茨拉夫廣場、歐洲大飯店、國家博物館、國家戲院、跳舞的房子，都聚集在此。

　　除非時間很多，否則猶太區可能是最後才會考慮的景點，理由是其他區太值得一遊了，相較之下，只好捨去猶太區。對猶太文化和議題有興趣的人，也許可以前來一探究竟。附近的景點包括梅瑟會堂、舊新猶太教堂、西班牙會堂。

● 跳舞的房子（Tančící dům）

　　我住的hostel就在跳舞的房子旁邊，它就像是一棟大樓被扭毛巾的手法轉了一下，看起來也像是跳舞的人甩起裙襬。這棟建築落成於一九九六年，跟周遭的巴洛克式建築形成極大反差，原本希望可以作為文化中心，可惜最後隸屬荷蘭一家保險公司旗下，無法成為能公開參觀的景點。若想進入的話，七樓的法國餐廳是個好選擇，在跳舞的房子用餐同時還可以眺望城堡山。

👍 開放時間：二十四小時。

👍 門票：免費（參觀外觀）。

● 慕夏博物館（Muchovo Muzeum）

　　慕夏（Alfons Maria Mucha）是一位捷克籍的畫家與藝術家，有著新藝術的強烈風格。他創作了大量的畫、海報、廣告和書的插畫，聖維特大教堂的彩色玻璃也是慕夏的創作。這座博物館其實更像是一間小型展場，跟它的規模比起來門票稍貴，但相信仰慕者為了一睹上百的展品，包括繪畫、照片、炭精畫、蠟筆畫、石版畫和慕夏的個人紀念品，不會在意。

👍 開放時間：10：00-18：00。
👍 門票：成人240克朗、學生160克朗。

私房美食

● Kolkovna Olympia：米其林推薦的饕客好店

　　這是當地饕客介紹、米其林評鑑收錄的餐廳。布拉格人是肉食主義者，傳統菜餚向來都是著重肉食，我點的招牌菜叫做羊乳酪烤豬肉塊厚培根，聽起來就都是肉。這道菜用超厚牛培根包裹香烤豬肉塊，再加上羊乳酪後送進烤箱，豬肉軟嫩又保有肥瘦筋分明的口感，讓我忍不住驚為天人！

👍 營業時間：11：00-24：00，週日到11：00-23：00。
👍 美味推薦：Forest robber delicacy（羊乳酪烤豬肉塊厚培根）、Meat platter（捷克傳統肉盤）。
👍 消費：中價位。
👍 電話：＋420-251-511-080。
👍 地址：Vítězná 619/7, Malá Strana, 150 00 Praha 5-Smíchov。
👍 www.kolkovna.cz。

超值住宿

● Mosaic-House

布拉格的hostel平價又奢華，這間hostel一床大約八歐，排除節慶跟旺季，這個價位在東歐已經是屬於頂尖的品質，五分鐘就可以走到查理大橋。

Mosaic-House的室內空間很棒，一樓是有樂團演奏的餐廳，經常舉行各種活動、Tour，是個適合交誼的場所。

● 交誼空間：★★★★★，大廳是很有質感的音樂酒吧，還有隔開的舒適小空間。

● 廚房設施：★★★★，有設施完整實用的廚房。

● 床位舒適度：★★★★，乾淨又舒適。

👍 電話：＋420-277-016-880。

👍 地址：Odborů 278/4, 120 00 Nové Měst。

👍 www.mosaichouse.com。

● Art Hole Hostel

Hostel不同於旅館飯店，包袱較少，不用符合市場上多數人的標準，而是可以任意打造充滿老闆任性的空間。

Art Hole Hostel的老闆是一位優雅的同性戀大叔，記得那天他穿著鮮綠色的襯衫站在櫃台前，而這間屋子也跟他一樣走大膽花俏路線，各種材質、色彩、圖案的搭配，每一處都讓人忍不住驚呼，彷彿來到雨果故居。這樣的居住空間，淡季住一個晚上竟然才八歐，實在太物超所值了。

● 交誼空間：★★★★★，擁有漂亮的大廳，讓住客得以放鬆休憩。
● 廚房設施：★★★★，廚房實用美觀。
● 床位舒適度：★★★★，住得賞心悅目，但不是每個床位都有獨立的插座跟小燈。

👉 電話：＋420-222-314-028。
👉 地址：Soukenická 1756/34, 110 00 Petrská čtvrť。
👉 www.artholehostel.com。

維也納 －文化氣息與貴氣兼具的音樂之都－

維也納自助旅行難易度		
項目	難易度	說明
市內交通	易	在主要景點中， 只有兩、三個地方可能需要搭乘大眾運輸工具。
行程規劃	易	百分之九十的景點集中在一起，步行即可。
感官享受	中高	僅略遜於布拉格。
基本消費	中高	在奧地利、捷克、匈牙利三國中最貴。
治安情況	中	優於西歐、南歐大城市。

　　相較於布拉格與布達佩斯，維也納比較類似西歐大城市的繁華，走在音樂之都路上常有人向往來的觀光客搭訕，兜售音樂會門票。這些票本身沒有問題，價格也不錯，只是我不喜歡他們千篇一律的話術，例如：「你今天很幸運，剛好有音樂會的票！」、「你再考慮一下，我可不敢保證等下還有一樣的價格……」、「看你像是學生，給你打折！」等等。我相信每個人到維也納之前，一定都覺得它是一個超有氣質的城市，其實觀光區很多馬車，馬兒到處大便，讓我對音樂之都的幻想有點破滅。

　　維也納是「奧捷匈金三角」唯一使用歐元的地方，它的物價已經和西歐都會區差不多，相較於布拉格及布達佩斯，物價明顯比較高。

維也納適合自助旅遊的理由

1. 交通便利，利用台灣直航與捷匈巴士很省時

　　如果你從台灣往返奧捷匈，最可能利用的就是維也納機場。這跟飛航班次密集度有關，雖然不是絕對，但比較票價跟航程時間後，往往會是維也納機場勝出。

　　抵達維也納後，搭巴士向西行，花十八歐車票，四小時可以到達布拉格。往東，花二十歐車票，三小時可以到達布達佩斯，往南竟然還可以搭Polski Bus到達波蘭的Krakow。這樣便利的空陸交通，增加了維也納作為踏上歐洲第一站或最後

一站的選擇性。

推薦搭乘Flix Bus巴士，從維也納到布達佩斯，一天就有十一班。

2. 感受中古世紀的貴族氣息

比起繁華的西歐大城市，東歐給人平易近人的感覺，唯獨音樂之都維也納給我一種高貴的感覺，某些氣氛比較接近西歐，可能因為它曾經是奧匈帝國首都的緣故。

3. 行程規劃容易

維也納重要的景點都很集中，大概在直徑兩公里內，只有兩、三個景點需要搭車，其餘都可以步行抵達。

維也納行程規劃建議

維也納是很好規劃旅行的城市，百分之九十的景點都集中在內城區（Innere Stadt），也就是老城區，這區被環城大道及維也納河包圍。在內城區之外比較有名的景點是百水公寓、美景宮跟美泉宮（熊布倫宮）。其中百水公寓跟美泉宮都在步行可達的範圍；美泉宮（熊布倫宮）需要搭車，但非常值得一去，除了參觀宮殿內部，動物園跟花園都在同一個地點，可以一次搞定。

1. 短天數玩法

● 第一天：安排內城區觀光，一整天的時間已足夠遊覽維也納多數的景點。由於維也納的景點大都要門票且不便宜，建議可以加入免費開放的百水公寓行程。

● 第二天：搭車到美泉宮（熊布倫宮），這個景點至少要花半天到一天的時間。

2. 長天數玩法

在短天數的基礎下，再增加一場交響樂音樂會、到中央市場體驗一下市井小民的生活，並且參觀美景宮。

推薦景點

1. 內城區

● 霍夫堡皇宮（Hofburg Imperial Palace）

這原本是一座城堡，在十三世紀時因為統治者哈布斯堡家族的壯大，擴張成皇室的居所。對霍夫堡皇宮最大的印象就是它有兩千五百個房間，第一次發現，原來這世上還有兩千五百房這種房地產呀！其中一千四百間有奇異裝飾、藏有中古世紀到現代的繪畫和雕塑，以及存放著歷代帝王的華麗服飾跟珠寶。

👍 開放時間：六月～八月09：00-18：00，九月～五月09：00-17：30。

👍 門票：成人15歐、學生9歐（含皇家寓所、博物館和銀器閣）。

● 黑死病紀念柱（Wiener Pestsäule）

　　黑死病從一三四七年開始橫掃歐洲，而且沒有治癒的可能，所以歐洲長達三百年來無法避免遭受黑死病威脅的恐懼，總共有上億人因此死亡，其中一六七九年造成了維也納三分之二的人口死亡。它帶給人們的恐懼，就如同好萊塢電影裡大規模的病毒感染，導致人類離滅絕日不遠。

　　奧地利皇帝利奧波特一世建造巴洛克風格的黑死病紀念柱，當然不是為了紀念病毒。因為科學未盛時會將疾病歸咎於天譴，立柱的目的除了悼念亡者，碑文也提醒著世人，別忘了上帝是如何懲罰世人。

👍 開放時間：二十四小時。
👍 門票：免費。

● 聖史蒂芬大教堂（Wiener Stephansdom）

　　位於內城區的中心，是世界第八高的教堂，也是維也納天主教的主教堂。

　　在教堂非常多的歐洲，還能激起眾人讚嘆的大都是擁有獨特風格的建築，聖史蒂芬大教堂用花窗投射出彩色光線，就像是到了五彩天堂一樣，讓我在白天、黃昏跟夜晚的時間都忍不住刻意路過，瞧瞧是否又有新的花樣出現。

👍 開放時間：06：00-22：00。
👍 門票：免費。

● 維也納國家歌劇院（Wiener Staatsoper）

國家歌劇院是維也納最著名的歌劇院，有「世界歌劇中心」之稱。它本身也是令人讚嘆的歷史建築，很多歐洲城市都有城堡、宮殿與教堂，但不是每個歐洲城市都有機會觀賞到世界級歌劇院。

👍 開放時間：09：00-17：00，導覽行程約四十分鐘。

👍 門票：免費，觀賞表演3歐就可能買到。

● 納許中央市場（Naschmarket）

這裡白天是熱鬧的雜貨、蔬果跟食材集散地，週六還有跳蚤市場。三排房屋隔出了四條六、七百公尺的露天走道，攤位集中，而且井然有序，十分好逛。

在旅行中如果沒有時間跟廚房的話，不適合採買新鮮食材，但納許中央市場有很多現做食品、小點心、各式起司等可以解決這個問題，我特地安排在用餐時段前往。

離開維也納的前一天晚上，我揹著行李經過，發現三排房屋跟露天走道之間，已經變身為優雅的半露天餐廳，充滿上班族下班後小酌用餐的悠閒氛圍，看來歐洲人真的很會利用空間，享受生活。

👍 開放時間：週一～週五06：00-19：30，週六、週日06：00-17：00。

👍 美味推薦：冰櫃中手工精緻的熟食小菜，如Käse Dattel。

👍 門票：免費。

2. 郊區

● 美泉宮（熊布倫宮）（Schloß Schönbrunn）

這次維也納之旅最大的亮點除了史蒂芬教堂，就是美泉宮（熊布倫宮）了。

美泉宮（熊布倫宮）內部比外部華麗許多，跟歐洲最奢華的皇宮比起來還是有差距，但差距不大，是十分值得參觀的皇宮。皇宮的重點其實在房間，連門票都以參觀的房間數來分級，每個房間有不同的布置，也有異國風出現，我笑稱是歐洲的風格汽車旅館。

這座皇宮擁有一座動物園，而且是世界前十大的動物園，也就是這個皇室家裡有個設施叫做動物園。熊布倫宮的動物園可以搭配皇宮一起看，有套票可以購買。而且動物園空間設計得很巧妙，不用花費太多體力就可以親近各種動物，畢竟這園區當初不是設計給市民使用的，而是給少數的皇宮貴族呀。

由於園區規劃合宜，看完皇宮後再去動物園，比較不會耗費太多時間跟體力。也由於是皇室管轄的動物園，中國跟澳洲相繼送來了熊貓跟無尾熊，是熊布倫宮動物園很自豪的地方。

👍 開放時間：十一月～三月8：30-17：00，七月～八月8：30-18：30，其餘月份8：30-17：30。

👍 門票：Imperial Tour—可參觀二十二個房間，時間約三十～四十分鐘，成人14.20歐。
Grand Tour—可參觀四十個房間，時間約五十～六十分鐘，成人17.5歐。

● 百水公寓（Hunderwasserhaus）

這是由奧地利藝術家百水先生（Friedensreich Hundertwasse）設計的一座示範公寓，它有五顏六色的外觀、各種弧度的牆面、起伏不對稱的地面，很難形容如此奇怪又協調的建築，感覺就像進入了電影大師宮崎駿充滿想像力的世界。

最妙的是，這裡是真正的住宅，不能入內參觀。

👍 開放時間：二十四小時。
👍 門票：免費。

● 美景宮（Schloss Belvedere）

在短天數的行程中，美景宮跟美泉宮（熊布倫宮）同質性較高，但是美泉宮有動物園，所以我選擇了後者。

美景宮已經規劃成美術館，並收藏了奧地利知名畫家古斯塔夫・克林姆 Gustav Klimt的名作〈The Kiss吻〉。奧地利畢竟曾經是中古世紀的強國，到處都是金光閃閃的華麗建築，如果對藝術有興趣或時間較充裕的話，可以買票入場。

👉 開放時間：上美景宮週六～週一09：00-18：00，週五09：00-21：00；下美景宮10：00-18：00，週五09：00-21：00。

👉 門票：上、下美景宮套票成人22歐，學生19歐；上美景宮成人15歐、學生13.5歐；下美景宮成人13歐、學生11歐。

私房美食

● Figlmüller：最負盛名的炸豬排百年老店

如果一百個人去維也納，相信有九十九個人會告訴你有百年歷史的這間店（成立於一九〇五年），還給你看比臉大的豬排照片。但用我平民不唱高調的味蕾，告訴大家一句真心話：它的炸豬排就是一張打得很薄、炸得很好的豬排，但醃肉的技巧幾乎沒有，前幾口很涮嘴，一個人吃，很快就會感官貧乏。不過基於它的噱頭跟歷史，我還是推薦前往。除了經典的豬排，不妨點一道馬鈴薯沙拉，這道沙拉的醬汁美味，風采蓋過豬排本身。官網上有介紹這道沙拉也是店家的自豪菜，只是沒有太多人注意到。

👉 營業時間：11：30-22：30。

👉 美味推薦：Figlmüller-Schnitzel（傳統維也納豬排）、Viennese potato salad（維也納馬鈴薯沙拉）。

👉 消費水準：中高價位。

👉 電話：＋43-1-5121760。

👉 地址：Bäckerstraße 6, 1010 Wien（本店）。

👉 www.figlmueller.at。

WIR KLOPFEN
KEINE SPRÜCHE.

● Ribs of Vienna：長榮航空員工出差愛店

豬肋排是這家店的招牌菜，因為長榮航空直飛維也納，空服員常去當地就發現了這間好店，在口耳相傳之下，長榮人出差都會去品嚐一下。店內販售的一公尺長的豬肋排只要十多歐，以當地物價來說十分划算。

👍 營業時間：週一～週五12：00-15：00，17：00-24：00，週六、週日12：00-24：00。

👍 美味推薦：Ribs of Vienna（一公尺豬肋排）。

👍 消費水準：中低價位。

👍 電話：＋43-1-5138519。

👍 地址：Weihburggasse 22, 1010 Wien。

👍 www.ribsofvienna.at。

推薦住宿

● Wombat Hostel Vienna

Wombat Hostel是歐洲很多地方都有的連鎖hostel，我在柏林時也住過這間。它的設施跟活動都不酷炫，但是服務跟設施到位，在背包客圈很熱門，而且緊連維也納最古老的傳統市場Nashmarkt，方便採買食物。

● 交誼空間：★★★★★，擁有超棒的空間，精品旅店的水準，明亮舒適。

● 廚房設施：★★★★★，完整實用的廚房，第一次看到hostel貼心地將食譜貼在廚房。

● 床位舒適度：★★★★☆顆星，乾淨、舒適又寬敞，只是明顯把亞洲人分在同一房間不妥。

👍 電話：＋43-1-8972336。

👍 地址：Mariahilfer Straße 137, Vienna。

👍 www.wombats-hostels.com/vienna/the-naschmarkt。

布達佩斯 －擁有最多溫泉的文化遺產老城－

布達佩斯自助旅行難易度		
項目	難易度	說明
區內交通	中	需電車、公車及步行並用。
行程規劃	中	景點分在兩岸，相對不集中。
感官享受	中高	古蹟不遜於布拉格，氣勢更勝一籌。
基本消費	中低	奧捷匈三國首都中最平價。
治安情況	中	優於西歐、南歐大城市。

　　常常有人問我，匈牙利首都布達佩斯是不是比較落後跟危險？

　　實際上，我對於布達佩斯的感受，遠超過更知名的布拉格及維也納。我一到布達佩斯就覺得，這裡有一種神秘宏偉的東方氣息，風景特別不同、有人文深度，讓我的感官都重新打開了。雖然經濟發展比較落後，不過，在我眼前它仍是一座金光閃閃的城市。

布達佩斯適合自助旅遊的理由

1. 匈牙利曾是奧匈帝國的版圖，文化資產豐富

　　很多人來歐洲都是為了看古蹟，匈牙利曾是奧匈帝國主體之一，超級有錢。到底有多威呢？我記得高中時「奧匈帝國」這四個字就在歷史課本上多次出現，左右了歐洲很長一段時間的歷史走向。

　　以當時的國土面積來說，它在歐洲僅次於俄國。第一次世界大戰前夕，歐洲國力能排在奧匈帝國前面的只有英、德、法及俄國（請注意，這時的歐洲國力排名，幾乎快等於世界排名了）。

　　匈牙利的首都布達佩斯以前很豪氣地蓋建築（留到現在就變成古蹟），如果只走在古城區中，還可以感受當年那股氣勢磅礴又輝煌的氛圍。

2. 體驗獨特豐富的溫泉文化

　　我一直覺得在歐洲旅行有太多選擇，每個城市都有一堆景點，大部分都是城堡、教堂、博物館，類似且難以取捨。所以我會在事先考慮的歐洲城市裡，尋找一個其他城市無法取代的獨特體驗，如果找到了，就決定出發。

　　布達佩斯提供了一個不需要猶豫前往的理由，那就是非常特別的溫泉體驗。布達佩斯是溫泉豐沛的國家，有近百個溫泉井，愛泡澡的羅馬人跟土耳其人都曾統治過這裡。現在全城仍有五十個以上的溫泉浴場，許多都是歷史悠久，各自特色也是天差地遠。

3. 處處是超平價的貴族美食

　　旅行中很多難處都可以用錢解決，最困難的是錢不夠花。例如巴黎可能是全世界吃鵝肝最負盛名的地方，而匈牙利是全球生產鵝肝最有名的地方。在巴黎不事前做功課，隨便找一家店吃鵝肝，可能三、五千元台幣就沒了。但是在物價不高的匈牙利，我挑了當地最有名的餐廳，光吃鵝肝不夠，還加上菲力牛排疊上鵝肝，一餐下來不到五百元台幣，還連吃了好幾天。

匈牙利不光是盛產鵝肝及各種食材,還有烹調技術出色。大抵而言,東歐洲工業較弱,部分國家扮演著歐洲糧倉和牧場的角色,所以各種食材品質沒話說,只是烹飪文化沒有那麼精緻。匈牙利也許是經過奧匈帝國的奢華洗禮,烹調手法比東歐很多國家更講究,是老饕的一大福音。

布達佩斯行程規劃建議

多瑙河把布達佩斯的布達跟佩斯一分為二。西岸的布達旅遊重點在城堡山上的皇宮區,東岸的佩斯分為兩區,第一區是佩斯市區景點,集中靠近橋的一側,與城堡山隔河相望。第二區是在佩斯這側的英雄廣場一帶,有幾個值得拜訪的景點連在一起,但距離多瑙河有一小段路,所以規劃行程時當作另一區。

1. 短天數玩法

● 第一天:布達區的城堡山是布達佩斯的精華所在,景點多、占地龐大、可看性又高。由於是在一座高地上,景點集中,可以安排一整天的時間體驗。晚上下山到河邊,參加遊輪夜遊多瑙河,在船上欣賞布達佩斯的夜景。

● 第二天:布達佩斯的生活非常精采多元,就算住兩週也玩不完,而且大都集中在佩斯市區。我會選擇半天在佩斯區英雄廣場一帶,體驗絕對不可錯過的溫泉,剩下時間就在佩斯市區,能玩多久算多久。如果你選擇其他浴場,在時間有限的情況下,則不一定要來英雄廣場這一帶。

2. 長天數玩法

布達佩斯的城市景觀精采,除了短時間行程中建議的區域,還可以用主題方式來感受這個城市的深度,像是溫泉之旅、音樂會之旅,絕對會讓你滿載而歸。

推薦景點

1. 布達區（城堡山上皇宮區）

● 城堡山（Varhegy）

　　布達跟佩斯原是兩個城市，以多瑙河相鄰，其中布達是比較有歷史的一區，它的歷史可追溯到十三世紀。跨過河到西岸就會抵達城堡山山腳，是很壯觀的古蹟群。

👍 開放時間：二十四小時。
👍 門票：免費。

● 地下迷宮（Buda Castle Labyrinth）

　　地下迷宮是位於城堡山的地下洞穴，成因是地下溫泉沖刷成天然洞窟。中古世紀時被開鑿連接成一個更大的空間，可容納一萬餘人，被列為「世界七大地下奇觀」之一。

　　進入地下迷宮，只能說是一場冒險，我一邊讚嘆竟然有個像地下城般的秘境，但是裡面的黑暗、燈光、霧氣跟不知名的轉角，又讓人覺得像置身電影《古墓奇兵》的場景一樣，氣氛詭譎。

👍 開放時間：10：00-19：00。
👍 門票：成人3000福林、學生2500福林。

● 漁人堡（Fisherman's Bastion）

　　城堡山是俯瞰布達佩斯的好地方，因位在高處使得鍊子橋、國會大廈、聖伊什特萬聖殿可以一覽無遺。而整個城堡山最好的觀景地點就是漁人堡，尤其它正對面是匈牙利國會大廈，我早上來、晚上也來，就是為了一睹不同時間的景色。

　　漁人堡是一座白色的城牆及堡壘，因這裡的漁夫負責守衛這段城牆而得名。七個堡頭代表八九六年的七個馬札爾部族領袖，帶領族人定居於克爾巴千盆地。

👍 開放時間：下層二十四小時開放，上層3/16-4/30，09：00-17：00；5/1-10/15，9：00-20：00。

👍 門票：上層成人1000福林、學生500福林，下層免費（下層屬主要區域，看市區夜景及城堡不用到上層）。

2. 佩斯區

● 匈牙利國會大廈（Országház）

　　國會大廈起源於奧匈帝國，是歐洲最大的國會，光是建築裡的樓梯就有二十公里。

　　當我搭船夜遊多瑙河，在寬廣的河面上，一邊喝著香檳，一邊欣賞國會大廈時，深深被眼前遼闊的視野和燈光打在河上的熠熠光影所打動。另一方面，國會大廈就像是一座金色莊嚴的巨獸近在眼前，將河面籠罩，成為我在奧捷匈三國旅行接近尾聲時最難忘的一幕畫面。

👍 開放時間：週一～週五08：00-18：00，週六、日08：00-16：00（須配合導覽時間上網預約）。

👍 門票：上網預約成人5800福林、學生2900福林。

● 鍊子橋（Chain Bridge）

　　鍊子橋是多瑙河連接布達和佩斯的第一座橋，也是布達佩斯城市的標誌。一八二〇年匈牙利大公國伯爵塞切尼·伊斯特萬急需過河參加父親的葬禮，但因當天天候不佳，造成簡易橋梁無法通行，之後他請來英國造橋大師William Tierney Clark設計了這座美麗的鍊子橋。

👍 開放時間：二十四小時。

👍 門票：免費。

● 匈牙利國家歌劇院 (Magyar Állami Operaház)

　　我在音樂之都維也納旅行時沒想過要聽音樂會，來到匈牙利反而按捺不住，理由是票價實在太划算了！只要威秀影城的電影票價格就能置身在百年古蹟中，何樂而不為呢？開場前一群紳士淑女裝扮的男男女女在門口寒暄，走進華麗裝飾的表演廳，不禁想像自己是正在欣賞表演的貴族。不只是票價值得，匈牙利國家歌劇院也是在歐洲極具分量的歌劇院，音效還是歐洲前三名，即便沒有聽歌劇跟音樂會的嗜好，進來參觀也是一個難忘的體驗。

👉 電話：＋36-1-814-7100。

👉 地址：Budapest, Andrássy út 22。

👉 門票：除按演出購票外，參觀票可單獨販售，每天15：00有導覽團，成人2900福林、學生1900福林。

👉 www.opera.hu。

● 塞切尼溫泉浴場 (Széchenyi gyógyfürdő)

　　到了布達佩斯之後，我面臨的煩惱是這裡有好多個浴場，不知如何選擇是好呢？最後，我選擇了人氣最高的塞切尼溫泉浴場。

　　塞切尼溫泉浴場歷史超過百年，鵝黃色的巴洛克宮殿建築外觀往往會讓人誤以為是皇宮。除了遊客眾多，也深受當地人喜愛，裡面有二十一個浴池、蒸氣室、桑拿房等超多設施，我一個個都試過，換場換到有點累。許多布達佩斯的城市宣傳照都是在這裡拍攝的，包含有名的阿伯在水中下西洋棋的畫面。

　　當地人可以在浴場待上一整天，在水中下棋（真的有一個西洋棋石桌蓋在池裡），它還有社交、商務、養生等等功能。不同於日式溫泉只是汗流浹背泡一下（日式溫泉是近四十度），布達佩斯溫泉則是水溫溫的，這是為了配合當地人喜歡長時間泡澡做療養的習慣。

　　這家浴場的交通方便也是一大優點，地鐵黃線就設有塞切尼浴場站，而且跟英雄廣場在同個地方，可以順道一遊。

　　布達佩斯還有各種風格不一的溫泉，例如Gellért Thermal Bath是高級療養飯店中的古羅馬浴場，最奢華；Rudas是八角形建築的土耳其浴；Lukacs號稱泉質全城第一。塞切尼溫泉浴場是本地文化氣息最濃厚的，如果只能選一間浴場的話，我十分推薦來此。

👍 開放時間：06：00-22：00。

👍 地址：Budapest, Állatkerti krt.9-11。

👍 門票：分時段，以及是否租用置物櫃而定，約5200～5700福林不等，未帶泳裝、泳帽的話也須租借。

👍 www.szechenyifurdo.hu。

私房美食

● **紐約咖啡館（New York Café）：世界最美的咖啡館之一**

平常在國外旅行時，我走進咖啡店的目的只是為了休息，不會特地去朝聖。但是在布達佩斯，我發現這些咖啡廳不只是外觀漂亮而已，竟然有媲美皇宮的咖啡館，而且價格只比一般咖啡店稍貴，足以讓我專程前往。

紐約咖啡館早在一八九一年即開始營業，被選為世界上最美的咖啡館，裡頭的陳設比許多皇家宮殿都要金碧輝煌，店內竟然還有lobby，一份普通的早餐或咖啡都要價十歐左右，在布達佩斯算是相當高貴的享受，不過看看四周的裝潢，真的不用遲疑。

👍 營業時間：08：00-24：00。
👍 電話：＋36-1-886-6167。
👍 地址：Budapest, Erzsébet krt.9-11。
👍 www.newyorkcafe.hu。

● **中央市場（Nagy Vásárcsarnok）：好買好吃又好逛**

　　一八九七年完工，至今仍是布達佩斯最大的室內菜市場。匈牙利以出產高級食材聞名，因此會來這裡逛逛的不只是一般大媽，也有像我這樣的美食控，專程來欣賞各種上等食材，也買了一大堆鵝肝醬回去，是歐洲少數讓我有購物慾的地方。

　　除了食材，裡面還有傳統的小吃攤，可以一網打盡各種匈牙利最具代表性的傳統食物。但也許是觀光化了，這些食物的口味並沒有讓我感到驚豔，我享受的是身處歐洲大廚房的視覺饗宴。

👍 開放時間：週一06：00-17：00，週二～週五06：00-18：00，週六06：00-15：00。
👍 地址：Budapest, Vámház krt.1-3。
👍 門票：免費。

● Kiskakukk Étterem：

去百年高級餐廳，就是要吃鵝肝

到了匈牙利就想找鵝肝吃！雖然匈牙利是全球最大的鵝肝產地，但它需要料理技術也不是隨處就有，精挑細選之後，我來到這間Kiskakukk Étterem，不但是品嚐鵝肝的好去處，還是實力跟名氣兼具的知名老餐廳。這家店成立於一九一三年，距今已經有超過百年的歷史，獲獎無數。除了鵝肝，我還點了菲力牛排和鵝肝一起吃，總共要多少錢呢？答案兩千六百九十福林，換算成台幣兩百九十元，比「我家牛排」還便宜，卻是牛排教父的等級，物超所值。

👍 營業時間：12：00-24：00。

👍 美味推薦：任何有鵝肝（Libamáj）的菜色。

👍 電話：＋36-1-786-3439。

👍 地址：Budapest, Pozsonyi út 12。

👍 www.kiskakukk.hu。

● Ligeti Lángos：**超香的國民小吃亭**

Lángas是布達佩斯很常見卻又讓人念念不忘的小吃，口感像是炸得外酥內軟的盤形油條，可以加料，我最喜歡鋪上帕馬森起司跟芝麻葉的口味。塞切尼溫泉浴場門口就有一家直接把Lángas當作店名，是我在布達佩斯吃過最好吃的一家，泡完溫泉再大口吃Lángas，超級享受！

👍 營業時間：11：00-19：00。

👍 美味推薦：可組合各種配料，推薦有帕瑪森起司（Parmesan）的選項，量多香濃。

👍 電話：＋36-30-318-2616。

👍 地址：Budapest, Állatkerti krt.3。

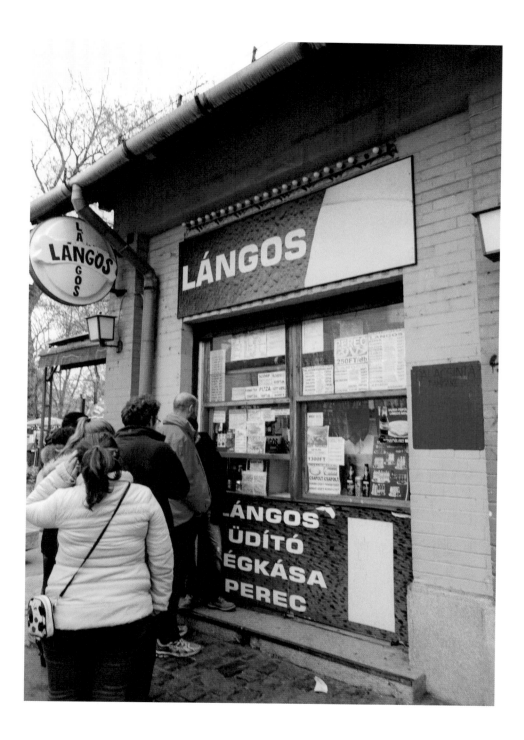

● Oktogon Bisztró：一百四十元台幣吃到飽的自助餐廳

　　有天我坐在布達佩斯的地鐵中，突然有一群女學生跑來問我是不是台灣人？原來她們是政大的交換學生。他鄉遇故知，於是她們約我吃晚餐，因而得知這間當地留學生口耳相傳的高CP值餐廳，一千兩百九十福林就可以「all you can eat」，換算台幣才一百四十元。裡面有生菜沙拉區、湯品區、醃菜區、烤肉區、熟食區、麵飯區、披薩區、醬料區、甜點區，平常在歐洲買三明治隨便充飢也要一百元台幣，現在卻是琳琅滿目的自助餐可供選擇，尤其是歐洲很少夜市這種地方，難得遇到這種好康，可以一次品嚐到多種匈牙利食物，當然要大快朵頤了。

👍 營業時間：08：00-24：00。

👍 電話：＋36-1-952-1453。

👍 地址：Terez koerut 23, Budapest 1067, Hungary。

👍 www.gastlandbisztrok.hu。

超值住宿

● Carpe Noctem

　　走進hostel，staff就熱情地問：「你是第一次到布達佩斯嗎？讓我來幫你介紹這個城市！」這一介紹就鉅細靡遺地講了三十分鐘，從知名景點到私房推薦，無一不談。而且眼前這個staff就是個玩家，他解析每個景點特別精采，一個晚上的床價才十幾歐，光是這段談話我就願意給十歐了，簡直是專業旅遊諮詢顧問。

　　後來我才發現這間hostel的staff幾乎都不是布達佩斯當地人，站在我面前這位就是熱愛全球旅行的行家，玩到布達佩斯才加入了這間hostel。

　　玩家經營的hostel當然不簡單，黑板上滿滿是白天跟夜晚可以參加的活動，一週七天都有花樣，我到達的當晚Carpe Noctem就聯合了布達佩斯七間hostel租下郵

輪準備夜遊多瑙河狂歡，沒想到青年旅館團結一心的力量，也能有五星級飯店的手筆。

我特別熱愛體驗hostel，一個城市如果住三晚以上，我都會把握住到兩間hostel，但Carpe Noctem是讓我一住就不想走的地方。住到後面幾天我沒訂房，但房間已經客滿了，hostel特別布置了一個床墊只收我半價的費用，令其他背包客都超羨慕。

歐洲多得是整棟大樓經營的hostel，但由老公寓改裝的Carpe Noctem卻像是傳奇一般的存在，在hostelworld網站中七項評分都勝過其他hostel，獲得滿分十分，最低分是設施（因為是改建的公寓）也有九點七分，地點是九點八分（就在車站旁），氣氛跟staff當然都是九點九分；總之，是一間超完美的hostel。

👍 電話：＋36-70-670-0384。

👍 地址：Budapest, Szobi Utca 5, 3rd Floor, Door 8A。

👍 carpenoctem.insta-hostel.com。

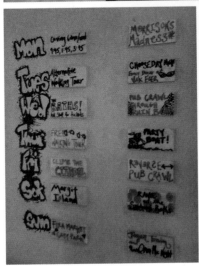

—後記—
歐洲旅行兩百天，防偷防搶秘技大公開

　　在旅行中除了生命以外，錢是最重要的，甚至比護照還重要。我在歐洲旅行兩百天期間，沒有損失過任何財物，以下是我的經驗分享。

四個錢包自保法：
　　帶著四個錢包旅行，即使遇到扒手小偷、被強盜搶劫、遭受挾持，被逼著去提款機提款、被洗劫一空，旅行也不會中斷，都可以繼續旅行喔！千萬不要覺得麻煩，只要事先準備，到了國外就很輕鬆，一點也不費神。

外型	用途	現金	信用卡	證件	跨國提款卡
	誘餌錢包	少	假的	假的	八千台幣
	主錢包	多	有	無	兩萬台幣
	副錢包	多	有	無	兩萬台幣
	救命錢包	一百歐	無	影本	四萬台幣

Bank
網路銀行
APP

錢包1 ＜誘餌皮夾＞

可放少量現金零錢、失效信用卡及證件、提款卡（存一點錢，我是放八千台幣）、車票。

放置處：隨身好拿的地方，小額付款（例如買車票）時取用。

誘餌錢包用途：

1. 小偷要扒你，一定扒得到，因為在下手前扒手已經觀察你很久了。但小偷很可能被你常取出的（誘餌）皮夾誤導。

2. 有人會說：「多帶一個錢包只為當誘餌，不會很累贅嗎？」當然不會，反正也需要一個零錢包，沒有多添麻煩。

3. 遇到武力脅迫，逼你說出提款密碼，誘餌皮夾跟真的一樣，提款卡還真的提出來了，讓壞人誤以為搶完了，你則劫後元氣未傷。

錢包2＆錢包3 ＜主金庫&副金庫＞

內容物：全部現金分成兩份，信用卡跟提款卡也平均放 （提款卡各存兩萬元台幣）。

放置處：哪裡都可以，反正不要放在一起就好。

我的主金庫是偽裝口香糖夾鍊袋（可自行創意），放在褲子前口袋中，隨時可以摸一下檢查。有次不小心掉了，路人看一看，還追上來還給我。AIRWAVES的夾鍊袋是錫箔材質，除了有偽裝作用，還可以防水、防止信用卡被掃瞄，以及防止提款卡消磁，十分好用。

我的副金庫是隱形腰包（可自行創意），原因是腰包變化比較多，可以視情況決定貼身掛在衣服裡、壓在背包底部，或鎖在hostel的私人櫃子中。

主、副金庫（錢包）用途：

1. 主要財物分成兩份，應該是常識。不管是被偷被搶，很難同時損失，仍然能保有另一半財物繼續旅行。

2. 提款卡只存台幣兩萬元，因為跨國提款一筆的上限很少超過兩萬（由國外銀行決定），多存沒好處，錢提光後用手機APP網路銀行轉帳進去就好。

3. 很多人沒有開通網路銀行功能，就傻傻拿著薪資戶頭的提款卡去旅行，這樣一來若是密碼被歹徒逼問提走錢，別說旅行中斷，回台灣怎麼生活呀!

錢包4 ＜救命錢包＞

內容物：現金一百歐、提款卡。千萬要注意，絕對不放信用卡。

放置處：救命錢包放在大件行李中，我從來不去理會它，一到hostel就連行李

一起丟在床邊，鎖不鎖都無所謂。因為錢包裡只放了一百歐現金跟提款卡，就算被室友順手牽羊也只是一百歐，提款卡沒密碼提領不了錢，所以不用提心吊膽，安心地玩。但千萬別放信用卡，因為救命錢包不會常常去看，萬一信用卡被偷走，你可能很久後才發現，都不知道被盜刷多少錢了。

我的救命錢包是一個藥袋，裡面真的有藥，也有大頭照跟護照影本，跟其他的藥品夾在一起。

救命錢包用途：

假設你真的遇到一個超細心的歹徒，誘餌錢包、主金庫、副金庫都被拿走，但只要小命還在，都可以繼續旅行。

此時回到hostel取出救命錢包，裡頭現金一百歐馬上能使用，還有提款卡，可以用手機網銀轉帳，現金不絕，旅程繼續。

以上的安排，都圍繞以下原則：

1. 不添加麻煩

如果拿錢包很困難，又常常要檢查錢在不在身上，手忙腳亂，真的很難玩。

救命錢包準備好後就不用理會了，因為手上的誘餌皮夾有零錢包的功能，可以把主、副金庫藏很深都沒關係。偷懶一點的人，就把誘餌錢包當作副金庫，可以少帶一包，看怎樣比較順手而定。

2. 讓心安定，行程更敢衝

如果大量的錢都帶在身上，你會拒絕很多好玩的事情，例如陌生人的邀約、沙發衝浪等等。因我在hostel裡有一百歐跟提款卡，身上的提款卡跟信用卡已取代大筆現金，所以可以大膽思考下一個去處。

這趟旅程兩個半月，對一個上班族來說是很珍貴的事情，而我最珍貴的是時間，但如果錢財損失讓行程被迫中斷，才是最划不來的事情。

考慮手續費、風險、匯率跟換鈔便利性各種因素，跨國提款卡都是無敵選擇。所以每次去不同銀行開戶的時候，我一定會一併開啟跨國提款以及網路銀行功能，以免出國前還要臨櫃申請。

國家圖書館出版品預行編目資料

歐洲從東邊玩／背包Ken（吳宜謙）著. -- 初版. --
臺北市：平裝本, 2019.12 面；公分. --
（平裝本叢書；第0497種）(iDO；100)

ISBN 978-986-98350-2-2　（平裝）

1.自助旅行　2.歐洲

740.9　　　　　　　　　　　　　　　108018972

平裝本叢書第0497種

iDO 100

歐洲從東邊玩

作　　者—背包Ken（吳宜謙）
發 行 人—平雲
出版發行—平裝本出版有限公司
　　　　　台北市敦化北路120巷50號
　　　　　電話◎02-27168888
　　　　　郵撥帳號◎18999606號
　　　　　皇冠出版社(香港)有限公司
　　　　　香港上環文咸東街50號寶恒商業中心
　　　　　23樓2301-3室
　　　　　電話◎2529-1778　傳真◎2527-0904
總 編 輯—龔橞甄
責任編輯—張懿祥
美術設計—嚴昱琳
著作完成日期—2019年8月
初版一刷日期—2019年12月

法律顧問—王惠光律師
有著作權・翻印必究
如有破損或裝訂錯誤，請寄回本社更換
讀者服務傳真專線◎02-27150507
電腦編號◎415100
ISBN◎978-986-98350-2-2
Printed in Taiwan
本書定價◎新台幣380元/港幣127元

● 皇冠讀樂網：www.crown.com.tw
● 皇冠 Facebook：www.facebook.com/crownbook
● 皇冠 Instagram：www.instagram.com/crownbook1954
● 小王子的編輯夢：crownbook.pixnet.net/blog